AF215036

Book cover by:

Clarissa M. Seite

Herrsching am Ammersee
2016

„All-Eins-Sein eines Erdenengels"

Achtes Buch

Teil 1 der Triologie

**Sommer - Herbst &
Winter 2017**

**"All-In-One of an
Earthangel"**

Clarissa M. Seite

Sich im Vertrauen in den Fluss des Lebens fallen lassen

Fließen lassen
Fluss
Los lassen

Sein Herz öffnen und lieben voller Licht und Liebe 🩶

Kraft - Inspiration - Gefühle leben!!

Magie♥

Alles ist gut so wie es ist und du bist immer in Sicherheit 🩶

Alles ist bereits in Dir und steht dir bereits parat zur Abholung bereit!

"Liebe Dich - Liebe dein Gegenüber - Liebe ist"

4

Liebe als höchste Kraft; ist die höchste Kraft und ich bin nun bereit, diese ohne Bedingung - Einschränkung und Ego fließen zu lassen.

"Ich Liebe Dich"

🖤**Instagram: @whocares0_0**🖤

So ist es und so darf es immer sein ...

Wunder geschehen!!

Liebe darf immer SEIN♥

"Dein Wille geschehe, nicht mein Wille – sondern dein Wille geschehe"

Befreie Dich!

Befreie dich aus deinem selbst
auferlegten Käfig - Mauern –
Masken ...

Befreit - Befreiung - Frei sein♥

Frei wie ein Vogel sein ... auch
der Vogel nutzt die Zeit der
Verantwortung gegenüber seinem
NachWuchs und seines Partners
aber er ist auch eben

"Frei wie ein Vogel"

und fliegt auch einfach mal so
herum♥

"ICH BIN FREI"

Erstes Buch:

"Wie werde ich ein Erdenengel"
  & auch in Englisch "How to
become an Earthangel"

Zweites Buch:

"Ein Erdenengel und seine
Geschichten"

Drittes Buch:

„Botschaften eines Erdenengels"

Viertes Buch:

„Herzensweisheiten eines Erdenengels"

Fünftes Buch:

„Seelenweisheiten eines Erdenengels" Jetzt seit 12.12.2016 im Handel

Sechstes Buch:

„Seelenbalsam eines Erdenengels"

Siebtes Buch :

„Himmlische Werke eines Erdenengels"

Audioaufnahmen!

YouTube – Kanal - Clarissa M. Seite

„Engel der Meere"

„Wenn der WAL in dein Leben schwimmt"

„Der Wolf als Krafttier"

„Herzensruf"

„Der Drache, der eigentliche Phönix"

„Gefühl im Gefühl"

„ICH bin FREI"

„Das Pferd als Krafttier"

„Selbst-Wert-Sein"

„Fishing for what"

„Time for a change"

„Intuition – Herzensruf"

„Dein treuer Freund"

Der Hund als treues Krafttier!

Er, der treue Wegbegleiter "Hund" bietet dir den Schutz und die Geborgenheit an, die Du nun brauchst als wertvoller Seelenbegleiter!

Er liebt Dich so wie Du bist und ist, wenn er sich für Dich entschieden hat immer an deiner Seite …

Treu - voller Liebe und unglaublich dienend & im Herzen ergeben.

Fast macht er schon das, was Du von Ihm willst " bedingungslos"

Er bringt dir das Licht voller Zärtlichkeit und Schutz!

Nun bist du begleitet von diesem
Hund und nie mehr Allein.

Der Hund pflegt unweigerlich die
Gemeinschaft, da er nie mehr von
deiner Seite weicht.

Das ist ein wahrer & treuer
Freund und so voller Liebe!!

Eigenschaften, die immer wieder
auffordern, sich dem anzunehmen
wie:

Treue

Vertrauen

Schutz

Geborgenheit

Sicherheit

Freude

Leichtigkeit

Spiel

Einfach DU sein

Der Hund als Krafttier zeigt sich
dir nun, um Dich immer und
immer wieder nach draußen ans

Licht zu führen, einen dicken Atemzug voller Lebens, eben Lebensfreude einzuatmen.

Er fordert Dich auf, dich auf den Weg "Schritt für Schritt" mal langsamer, mit Pausen - genießen und voller Power entlang zu schreiten!

Genieße diese abwechslungsreihe Zweisamkeit und pflege dein inneres Kind mit dem treuen Gefährten an deiner Seite.

Er, der dich so "respektiert und akzeptiert" wie Du bist, lässt dir deinen freien Willen voller Demut und Geduld und wartet immer auf Dich, bist du bereit bist weiterzugehen.

Er vertraut dir "bedingungslos"

Er liebt dich "bedingungslos"

Er lässt dich so sein wie Du eben
bist ….

Liebe in "bedingungsloser
Absicht"

Ein wahrlich großes und
besonders wertvolles
Geschöpf

"HUND"

Der Mond und seine sensible und tiefgründige Seite

Mondphasen sind tief und auch ab und an richtig anstrengenden … um was geht es in dieser Zeit des intensiven Mondes …

Ruhig die Gefühle zulassen -

Tief eintauchen in dein Meer an eventuell vergrabenen Wünschen und Sehnsüchten; schon

lange nicht mehr
gelebtem!

Zu viel an "All-Tag und
Routine"

Zu viel an
Verpflichtungen

Verschüttet
Abgelenkt
Wie Tod

fühlen und kein lustvolles
Ziel vor Augen.

Müde und erschöpft; kein
Interesse mehr an dir und
auch umgekehrt - weder
noch !?!

Grabe in deinem Meer an Gefühlen und hebe deinen kostbaren Schatz jetzt

Du bist das Alles Wichtigste in deinem Leben und nur so kann sich dein Glück im Innen wie im Außen zeigen können.

„Lausche dem Mond und seine Tiefen … hörst du es tief drinnen" …

Wie kannst du wert geschätzt werden, wenn DU dich nicht selbst wert schätzt?

Was sind deine Gefühle Wert, wenn Du so mit Dir umgehen lässt?

Wenn du Dich und deine Wünsche und Gefühle unterdrückst (warum auch immer), dann bestrafst du dich nur selbst und verwehrst dir dein persönliches Glück!

WARUM, das kann nicht gut sein weder für Dich noch für dein Umfeld …

*MOND im TAROT #18

Achte auf deine Gefühle und Wünsche und deinen WERT!

Es ist ein wahrer Schatz sensibel und empfänglich für die Mondphasen zu sein, denn sie geben dir ganz viel Info und Input zugleich.

Ganz wichtig!

"Du bist es Wert geliebt zu werden"

"Du bist liebenswert"

Gefühl im Gefühl

Wenn du das Gefühl tiefer gehen lässt

Ja, dann gehst du aus dem Kopf raus und ins Gefühl

(Bauchgefühl - Intuition - Herz)

Ich lasse das GEFÜHL zu mir sprechen

Ich höre meinem GEFÜHL genau zu

Ich höre Aufmerksam hin, was mir mein GEFÜHL wirklich mitteilen möchte

Immer wieder das Gefühl und das Herz fühlen und sprechen lassen

Da hab ich schon einiges und mehr über das Gefühl in meinen

Büchern geschrieben ... zum Beispiel:

"Herzensweisheiten eines Erdenengels"

Vom Gefühl ins wirkliche tiefe Gefühl gehen ...

tiefer gehen

forschen

eben fühlen

In den Bauch hinein, auch wenn es Schmerzen bereitet

Augen zum Gefühl öffnen

.. zulassen spüren auch wenn es Schmerzen

hervorruft, Trauer bedeutet

Auch wenn es mehr hinsehen ins Detail (Tiefen der Seele) bedeuten kann.

Doch viel mehr Gefühl für diesen Menschen bedeutet, als man ursprünglich zulassen wollte, dass was man dieses immer wiederkehrende Gefühl im Kopf nicht zulassen wollte .... für diesen einen Menschen!

Oh Gott – Schicksal!

"Das darf doch jetzt nicht sein, spricht der Kopf"

Die Moral spricht dagegen!

Verpflichtungen müssen geregelt werden

Abhängigkeiten gelöst

Mutlosigkeit aufgeben und zur
Aktion schreiten

Berufungen die gelebt; ausgelebt
werden wollen, egal wie alt man
ist.

Oder oder den Gewissenskonflikt durch hinsehen und fühlen auflösen!

Ich öffne mein Herz für die Liebe

Ich öffne meine Gefühl und mein Herz spricht zu mir

Auf sich wirken lassen, dass Gefühl zulassen, dann bist du im Kontakt mit deinen Herzenswünschen ... im Kontakt mit der wahren Intension deiner Seele!!

Seinem Gefühl Vertrauen schenken und dem Gefühl nachgehen, intensiv forschen und sich mit seinen Gefühlen tiefer auseinandersetzen bedeutet auch, sich "wahr und ernst" in seinem Gefühl anzunehmen.

Seinem „Selbst-Wert" Wertschätzung entgegen bringen.

Sich in seinem Gefühl lieben und somit die **reine und für sich selbst wahre Liebe** in seinem Leben zu leben!

Mögliche Affirmation:

Ich achte und vertraue auf meine Gefühle, denn Sie sind mein Wegweiser zu meinem

glücklichen & erfüllten Leben
(DaSein)

Ich öffne meine Augen für mich
und mein Bewusst Sein; Ich
nehme es voller Liebe & Freude
an. Jetzt!

*Der Weg ist das Ziel! –
Konfuzius* -*

*Auszug aus dem sechsten Buch

*„Seelenbalsam eines
Erdenengels"*

Die Kraft des Tigers will jetzt aktiviert werden …

weil es an der Zeit ist alte Gewohnheiten und Muster - Masken - Fassaden - überholte Verpflichtungen und Gefühls-Mauern

losgelassen werden wollen!!

Nur Mut!!

Keine Ausreden mehr …

Rein in die Power des Tigers als spiritueller Wegbegleiter.

Gehe nun in deine Schöpferkraft und lebe dein Leben als dein

Meister - Meisterin

Was sind noch angebliche Verpflichtungen und Ausreden …

Wer hält dich zurück.

Wer und was möchte dich in
deiner Freiheit einschränken ….

Außer du selbst …. lässt es zu!!

Der Tiger gibt dir die Kraft der
Veränderung und den Sprung des
Neuen zu wagen!

Schau Ihn dir an "Den Tiger" Meister aller Klassen

Raus aus:

Du darfst das nicht

Das gehört sich nicht

Du musst aber sonst pass du nicht
bei uns rein

Raus aus Grenzerfahrungen - Grenzüberschreitungen!!

Was wurde jahrelang verschüttet und vergraben gehalten, nur um einigermaßen konform zu laufen.

Der Tiger will ins LICHT schreiten und sich und seine Bestimmung - Schicksal - Seelenleben leben.

Lebe deine Schöpferkraft

Lebe deinen Meister - Meisterin in dir

Lebe deine Bedürfnisse

Lebe dich und deine Liebe in dir

Lebe deinen Herzensruf

Kämpfe friedvoll aber
bestimmend für Dich und dein
Leben wie der Tiger mit all seiner
gebündelten KRAFT.

Mögliche Affirmation:

Ich lebe mein inneres Feuer und verbinde es mit all meiner Schöpferkraft!

Die magische Zahl Dreizehn !

Oft als Unglückszahl fast schon verteufelt und über ein gutes Jahrhundert als Datum / Unglück an diesem Tag ernten ... verschrien?

Dabei ist die 13 eine sehr tiefgehende Zahl ...

Eins = All-Ein-Sein
Drei = Samen - Wachstum - Gebären - Im Herzen wachsen!

13 = Im Tarot der Tod ...

Ohne Vollendung kein NEUES möglich!

Tod & Geburt im ewigen Kreislauf vollendet!

Seelen können sich neu ordnen!

Schauen wir uns den Zyklus in der Natur doch mal an ...

Erst endet die Ernte und der Boden liegt brach um dann wieder neu für ein weiteres Wachstum sich vorbereiten zu können.

Der Winter lässt Alles erkalten und sterben, um den Boden auf den Frühling vorzubereiten!

Durch die Saat wird sich das Wunder der Natur neu wiederholen und erblühen.

Wachstum geschieht!

Dies kann als Prozess auf vieles umgemünzt werden, um

"NEUES"

entstehen zu lassen.

Immer nur Hochphasen sind eher unnatürlich und wie auch beim Menschen mit unterschiedlichen Phasen und Zyklen verbunden.

Wir können nicht ewig jung bleiben (Im Herzen - inneren Kind natürlich schon) auch hier zeigt sich der Alterungsprozess...

Genauso wie die Sonne untergehen muss, um den Mond erscheinen zu lassen, damit ein neuer Tag überhaupt entstehen kann.

Erdrotation

https://de.wikipedia.org/wiki/Erdrotation

Das ist „Gut" so, denn nur so kann sich durch Transformation dadurch Neues gestalten und wachsen.

Es wird neu genährt und wächst dadurch♥

Wie beim umpflügen eines Boden, damit neue Frische und Samen in das ErdGut eintauchen können.

In der Liebe wäre das eventuell ein gutes Gespräch, auf den anderen liebevoll eingehen.

Interessen und Rituale teilen♥

Gesten der Liebe verteilen.

Gut sein miteinander!

Es braucht nicht viel um eine Blume gedeihen zu lassen ...

Ein bisschen Wasser und ab und an eine frische Erde ...

Voila♥

Liebevoll sein im Tun bringt den gewünschten Erfolg.

Dreizehn
Dreimal die Zehn im Tarot ist
die **10** das Schicksal...

Also, lassen wir uns vom
Schicksal küssen und
überraschen...

Was passiert, hängt vom Tun
und Gedankengut von jedem
selbst ab!

Auch wenn es manchmal
nicht offensichtlich und
greifbar scheint, kann durch
positive Energie und

liebevolle Absichten was ganz tolles entstehen.

Denk bitte daran und beim nächstem mal, wenn du die Dreizehn siehst, denk einfach an

"Glück"

und Alles ist

GUT♥

„Du darfst _immer_ ohne Angst _lieben_"

IMMER und IMMER WIEDER♥

Öffne bitte dein Herz und lass die Liebe erstrahlen ...

VERTRAUE

Alles ist gut so wie es ist.

Wir sind mit dem göttlichen Funken in Uns mit dem Universum liebevoll verbunden und Liebe ist das höchste GUT!

Liebe und lasse die Liebe fließen, denn das ist das wichtigste in deinem Leben und auf Erden♥

Mögliche Affirmation:

Ich bin Licht & Liebe♥

Licht & Liebe in uns mit uns und um uns herum.

**Durch die Engel geführt;
zusammengeführt, was
zusammen gehört!!**

In Liebe♥

In Liebe durch den göttlichen Willen
vereint ...

Es ist so gewollt; die Hoch-Zeit ist
eingeläutet - geläutert durch den
Seelengang der vergangenen Zeit und
darf jetzt durch "Vergebung" wieder
belebt - gelebt und vereint werden♥

Jetzt ist die Zeit gekommen ... der
Samen ist reif geworden und entfaltet
den Wunsch der Seele!

In Liebe♥

Der einstige Wunsch auf ein
Wiedersehen wird jetzt erfüllt♥

Tränen der Freude dürfen nun
fließen...

Alles fließt; Alles ist im Fluss!!

Love & Light & Joy

„*Fishing for what*"

nach dem Leben ... nach dem Sinn ... nach Komplimenten ???

Dem inneren Kind Frei-Raum geben, damit es entdecken kann wo es hingehen darf!

Mal Ver-rückt sein dürfen ...
Zulassen
Öffnen für Neues sein
Überraschungen

Spielerisches "Suchen & Finden" sind angezeigt und wollen gelebt werden.

Müssen beschwert und lässt keinen Spiel-Raum mehr offen!

Beschränkungen aufheben
Alte Dogmen lösen
Müssen in wenn ich Lust
habe mal ummünzen...

Also! ...

"Go for it"

Gib dir Raum und geh fischen,
was auch immer du jetzt gerne an
der Angel haben möchtest und so
gerne hättest

Visualisiere es … ja, geb dem
Wunsch einen Namen und ein
Gesicht!!

Entscheide und denke dran ... der
Glaube und oft schon die pure
Vorstellung - Vision können
prompt Wünsche wie einen
Magnet an der Angel ran ziehen
und erfüllen ...

Schenk dir deine persönliche
Vision von

Glück -Freude - Spaß
Glück-Licht-Sein
Befreiung!

Zack!! und du hast im wahrsten
Sinne des Wortes

"The Big Fish"

[Der Film ist übrigens sehr empfehlenswert]

an der Angel!!!

Schönen Abend Ihr lieben Seelen♥

LOVE & LIGHT CLAIRE

Audio - Auszug aus dem 8. Buch

„All-Ein-Sein eines Erdenengels"

Veröffentlichung im Herbst – Winter 2017

Audio YouTube v. 09.04.2017
Clarissa M. Seite

Herzensruf♥, ist heute ein eindeutiger Tagesimpuls!

https://www.youtube.com/watch?v=SMeL5ekHCeM&t=155s

Heute ist es wichtig, sich mit seinem Herzensruf "unausweichlich" zu beschäftigen.

Sich diese "Zeit in Kontemplation" nehmen lauschen - spüren - wahrnehmen, um den Ruf eindeutig zu vernehmen ...

Handeln statt zu ignorieren♥

https://www.youtube.com/watch?v=13_CiJFzG0Q&t=45s

Öffnen statt zu verschließen♥
"Du bist FREI"

Klar sprechen lassen, statt zum Schweigen durch Ablenkung und angebliche Verpflichtungen bringen♥

Ehrlichkeit & Klarheit♥

Nur MUT!!

Spreche deine tiefen Gedanken - Gefühle und Wünsche nun klar und eindeutig aus ...

<u>Weitere Impulse:</u>

Ich darf ohne Angst lieben♥ immer und überall

Ich bin Liebe & Licht
Ich bin ein göttliches liebevolles und lichtvolles Wesen

Ich liebe mich selbst zuerst, damit ich auch Liebe aussenden kann und diese auch empfangen und annehmen kann♥

Handle danach und folge dem Ruf deines Herzens!!

Mögliche Affirmation:

Ich öffne mich meinem Herzensruf & heile meine Erinnerungen und meinen Schmerz♥

Heutiger Tagesimpulse am 18.03.2017 und natürlich auch an Allen anderen Tagen auch ...

Heute ganz besonders auf dein "Herz „ hören!

Lausche dem Ruf deines Herzens ....

"Herzensruf"

Audioaufnahme YouTube – Kanal
Clarissa M. Seite
https://www.youtube.com/attribution_li
nk?a=Yb-
WVMUEsqc&u=%2Fwatch%3Fv%3D
SMeL5ekHCeM%26feature%3Dshare

Es kann sein, dass der heutige
Tag Unruhe im Herzen; im
Inneren auslöst und du
durcheinander scheinst aber in
Wirklichkeit weißt du ganz genau
woran es liegt ...

♥Instagram: @whocares0_0♥

Altlasten / Tiefsitzende Wut -
Mangel - Enttäuschungen

Unerfüllte Wünsche wie:

Gefühle leben / zur Tatkraft
schreiten / Wille / Tun etc.

Unerfüllte Herzenswünsche aus
Angst vor Versagen -
Zurückweisung

NUR MUT!!

Du bist immer in Sicherheit und
lass endlich

 **"Klarheit durch
Entscheidung"**

in dein Leben kommen!

Setzte Zeichen und zeige Dich
endlich und öffne dich für deine
Gefühle auf liebevolle Art &
Weise natürlich in der
Kommunikation durch einen
Brief - Lied - Messages - Bilder -
Geschenke - Treffen -
Spaziergang mit Kaffee

Es gibt so viele Möglichkeiten
der Zeichensetzung und der
Offenheit und Öffnung deiner
Gefühle im Herzen

Ein Schritt in die Erfüllung deiner
Herzenswünsche

Ich liebe Dich!

*Weil du der bist, der Du bist
und bereit bist so zu sein wie*

es sich für Dich vom Herzen anfühlt♥

Ich liebe Dich!

Du bist mir wichtig und ein treuer Begleiter; ich kann auf dich zählen, wenn ich Dich absolut an meiner Seite brauche♥

Ich liebe Dich!

Denn du versprichst nicht der zu sein, den ich haben will, sondern der zu sein der Du sein möchtest und dass ....

Liebe Ich an DIR!!

In Liebe leben

Impulse von Erzengel Raphael 🤍
Heilung durch Vergebung 🤍

Liebe - Freundschaft 🤍
Partnerschaft leben

Ich bin ein großartiges Wesen und
mit dem göttlichen Funken
gesegnet; wer mit mir Freudschaft
- Partnerschaft - Liebe pflegt oder
pflegen möchte, darf sich selbst
offenbaren und in seine
Schöpferkraft gehen♥

Mutig, voller Vertrauen sein Herz
öffnen mit sich im Spiegelkontakt
die Reflektion und Resonanz
liebevoll annehmen und voran
schreiten♥

Schritt für Schritt im Bewusst-
Sein mit sich und seinem
Gegenüber ...

Jetzt!

Ich freue mich immer für diese Art von wertvollen Begegnungen und der Liebe an sich gerade in der Freundschaft - Partnerschaft als wertvolles Gut!

Denke bitte daran - Du bist Liebe und ein wertvolles Wesen - Geschöpf und es wert geliebt zu werden♥

Sei Du die Liebe und empfange!

Intuition und Herzensruf!

Vertraue auf dein Gefühl …

Vertraue deiner Intuition!

Deine innere und äußere
Wahrnehmung ist richtig so wie
sie ist.

Das wurde mir heute Morgen mehrmals mitgeteilt …

Es ist ganz wichtig sich nicht von äußeren Konventionen - Dogmen - Verpflichtungen - Religionsmeinungen von seinen tiefsten Gefühlen in der Liebe beschränken oder im schlimmsten Fall abbringen zu lassen.

Verhindere deine Gefühle nicht!!

Du das nicht, es wird dich auf Dauer nur killen.

Dein Herz und Körper schwer machen oder gar erkranken lassen♥

Achte auf dich und deine Gefühlswelten …
Achte auf deine Empfindungen und Regungen …

Gott hat dich so erschaffen, als empfindsames liebevolles Wesen voller Licht und Liebe!

Es ist immer göttlich gewollt,
dass die Liebe gelebt und Licht
Einzug dadurch hält.

Alles andere sind über
Jahrhunderte auferlegte Dogmen
und falsche Wertvorstellungen die
durch Krieg zu viel Leid in der
Menschheit und Welt geführt
haben

Bedenke das!

Die Seele will gehört und gelebt
werden; sie schreit förmlich
danach und wird dich innerlich
auf Dauer zerreißen, wenn du den
Ruf unterdrückst oder gar
verneinst!!

Die Christusenergie ist allzeit mit
Dir und es gibt keine
Beschränkungen außer Deine dir
selbst auferlegten
Einschränkungen.

Liebe ist gewollt und wird durch die göttliche Kraft im Universum als höchstes Gut in höchster Energieform in hoher Schwingungsfrequenz ausgesendet.

Gott liebt dich so wie du bist und JA - Alles ist in Ordnung♥

Du darfst immer ohne Angst lieben und du bist ein liebeswertes Wesen …

Liebe und sage JA zu dir und deinen Gefühlen.

Dein Leben und deine Zeit auf Erden sind so kostbar und in göttlicher Ausrichtung auch so bestimmt.

LIEBE & LICHT

"Schritt für Schritt und in Ausdehnung deines Bewusst-Seins"

Es ist göttlich gewollt und geführt …

Wenn die Seele liebt, gibt es kein Zurück mehr♥

Mögliche Affirmation:

Du bist immer in Sicherheit; die göttlichen Wesen sind bei dir und beschützen Dich!

AllZeit♥

Love & Light eure Claire

Der Weg ist das Ziel! – Konfuzius*

Praxis für Psychotherapie

Clarissa M. Seite

Heilpraktikerin für
Psychotherapie[HeilprG]
Suchtberaterin
Mediale Psychologische
Lebensberatung / Kartenlegungen

**TAROT / KIPPERKARTEN /
ENGEL / KRAFTTIERE**
REIKI – Meisterin / Lehrerin

SCHREIBMEDIUM

&

SPRECHMEDIUM

Blog: ClarissaSeite.Tumblr.com

YouTube: Clarissa M. Seite

Jeden Tag ein Stückchen mehr in
die Meditation 🖤

ATMEN - bewusst tief - ruhig
und gelassen ...

Einatmen: LIEBE und FRIEDNE
einatmen
Ausatmen: ALTES und
VERBRAUCHTES loslassen!

Gut für Chakrareinigungen -
einfach Hände auflegen auf:

Bauch - Herz – Kopf

Zellenreinigung und Erneuerung -
Blutfluss erneuern♥

Geist reinigen - pflegen und auf
"NEU-Start" bringen♥

"Ich bin ruhig - gelassen -
selbstsicher und STARK"

Bild Frank Rolf Josef Pöhlmann – Sohn

Instagram: @whocares0_0

Mögliche Affirmation:

Durch mein tägliches Üben an Meditation, gelange ich Schritt für Schritt zu mir und meinem Sein♥

<u>**Mögliche Affirmation:**</u>

*"ALLES IST MÖGLICH UND
ICH BIN OFFEN & BEREIT
DAFÜR♥*

Klopf einfach an ... ruckle ein
bisschen am Türknopf und sie
wird sich dir ganz sicher öffnen!!

Herzöffnung♥

Manchmal ist es einfach wichtig,
eindeutige Signale zu senden♥

Ein Wort - eine Nachricht - eine
Berührung - Bemühungen und
Gesten Aller Art - liebevolles
Lächeln und vor allem ein tiefer
Blick in die Augen können
Wunder bewirken.

Seelenblick♥
Seelenkommunikation♥

Herzensblick♥
Herzensruf senden♥

bringen Alles in Fluss!

Aktiv sein Schicksal in die Hand
nehmen und den gewünschten
Weg gehen♥

In die oder an die Hand nehmen!

Lass den Schmerz ruhig in
Gottvertrauen los ...

Lass es fliesen ....

(Tränen - Trauer - Wut - Schmerz
- Verzweiflung)

Es hat seinen Sinn, diesen Prozess
des Lebens bewusst wahr
zunehmen ...

Es ist so gewollt!

Weiter "wachsen und gedeihen"
...

Dein Speiseplan des Lebens will sich mit neuen reichhaltigen - nahrhaften - geschmackvollen & genussvollen Menüs NEU füllen & Dich bereichern 🩶

Seiner Lebensbestimmung näher kommen und erleben dürfen!

Das Füllhorn will sich ergießen über deinen Schicksalsplan♥

Alles ist nun wieder möglich und noch vieles mehr, denn DU hast den Weg bereits beschritten und kannst jetzt die Aussicht genießen und den Kopf wieder gen Himmel richten.

Weit und Klar werden.

Herz & Seele leben - spüren -
fühlen - schmecken dürfen!

Wünschen & Erfüllen♥

„Lass uns vereinen"

... lasst uns einig sein ... ♥

Einig im Miteinander - zusammen
in der Liebe eins sein ... ♥

Liebe in der gemeinsamen
Symbiose - Synchronizität -
Gleichklang ... ♥

SEIN

EINS SEIN♥

Mögliche Affirmation:

Ich bin mir dir EINS (einig) in
Liebe♥
Ich bin in Liebe vereint!!

Lass uns vereinen ... lasst uns
einig sein ... 🩶

Einig im Miteinander - zusammen
in der Liebe eins Sein ... 🩶

Liebe in der gemeinsamen
Symbiose - Synchronizität -
Gleichklang ... 🩶

SEIN

EINS SEIN♥

Mögliche Affirmation:

Ich bin mir dir EINS (einig) in
Liebe♥
Ich bin in Liebe vereint!!

Lass uns vereinen ... lasst uns
einig sein ... 🩶

Einig im Miteinander - zusammen
in der Liebe eins sein ... ♥

Liebe in der gemeinsamen
Symbiose - Synchronizität -
Gleichklang... ♥

SEIN

EINS SEIN♥

Mögliche Affirmation:

Ich bin mir dir EINS (einig)
in Liebe♥
Ich bin in Liebe vereint!!

Manchmal reicht ein einfaches
"Hallo" um ein langes Schweigen
zu brechen!

DANKE liebste Birgit Palmer für
diesen tollen Satz! ...

Ja, Worte können Wunder
bewirken ... und unglaublich
wundervolle Brücken bilden ...

Raus lassen - Gefühl im Gefühl
leben♥

Oder

Ein Lächeln kann das Herz auf besondere Art & Weiße öffnen ...

Ein "wärmendes Lächeln" mit wärmender Energie; ein "liebvolles Hallo" wortwörtlich Berge versetzen♥

Herzöffnung geschehen lassen - fließen lassen!

"Du bist immer in Sicherheit; die Engel begleiten dich auf diesen Weg ganz besonders"

Einfach fließen lassen und mit einem wärmendem Lächeln und einen liebevollem Hallo den geliebten Menschen begegnen dürfen!

DANKE für diesen göttlichen Funken, der jeden von UNS begleitet.

Wohlwollend eingesetzt ... sprichwörtlich für Wunder sorgt♥

"Neutral wie die Schweiz und voller Tatkraft & Entscheidungswillen wie Brüssel"

Mein Spruch, voller
Überzeugung, wenn es um das
hinterm Rücken mit nicht
sinnvollen Beiträgen; schlecht
reden ... von anderen Wesen geht
...

Warum hat Mensch dies
eigentlich nötig ...

Ego
Machtanspruch
Ausschalten von Konkurrenz

UnwohlSein
Eigene Unsicherheit
Übertünchen von eigenen
Schwächen
Angeblich perfekte Maske tragen
wollen ...

oder

lieber sich um den anderen
Menschen kümmern, da das

eigene Da-Sein nichts als Langeweile - Trostlosigkeit - Angst - Kummer aufzeigen würde, würde man sich dies genauer bei sich anschauen.

Lieber der eignen Tragik entfliehen und der Welt da draußen (Umfeld) zeigen, dass es anderen schlechter in Ihrem Da-Sein wohl so geht ...

Hmmmm

Also, unterm Strich ....

Sich selbst nicht ansehen wollen ...

Im Spiegel des DaSeins - Leben voller Reflektion!?

Was hat der andere an sich was mich triggert - spiegelt und ich an

mir nicht ansehen und eventuell
auch gar nicht mag ...

Mich ignorieren wollen ...

Mit den Finger auf den anderen
Zeigen und die restlichen Finger
....

(zeigen auf einen Selbst zurück)

Was meint ihr dazu ...

Öffne Deine Arme und genieße
die Veränderung. Aber verliere
den Weg nicht aus den Augen.
Den Weg zu Dir, zu Deinem
Herzen. (Dalai Lama)

Euch einen klärenden Abend
und eine liebevolle Nacht im
Herzen♥

Bild: Clarissa M. Seite Wolfratshausen

"Alles ist möglich"

„Wunder geschehen"!

Schöpferkraft"

Eigentlich habe ich zwei Engel in
einem Bild zusammengefasst und
das kam in Übergröße dabei raus
...

Was will mir das sagen ...
mitteilen!

"Schöpferkraft" der Engel spricht
von der "Schöpferkraft in UNS"

Der göttliche Funke ist in UNS,
in unserer DNA verwurzelt / Ur
wurzel und WIR haben das
Potential und immer und jeden
Tag aufs NEUE die Möglichkeit,
auf unsere KRAFT in UNS
zurück bzw. drauf zu zugreifen!

Greif zu im wahrsten Sinne des
Wortes ... nutze deine Kraft in dir
...

Auf was wartest DU♥

Der Engel möchte Dich und dein Potential öffnen; dich in sich öffnen und auf all diese wundervollen Schöpferimpulse hinweisen.

Seelenbegegnung!

Wenn die Seele liebt, gibt es kein zurück mehr ...

Aus meiner eignen Erfahrungen heraus, kann ich nur bestätigen, dass dieses tiefe liebevolle Gefühl der Verbundenheit stattfindet!

Immer und immer wieder, eine Unterdrückung der Gefühle &

Empfindungen sind hierbei
zwecklos.

Das Herz zeigt sich im tiefen
Gefühl der Seele unausweichlich
wieder♥

Tiefe Erfahrungen und das Leben
des eignen Potentials nur durch
die bloße Gegenwart und auch
flüchtige Begegnung der anderen
Seele - Seelenverbindung immer
und immer wieder!

Es gibt da kein Zurück mehr ...

Egal, ob man sich sieht oder nicht
...

Spüren - Gedanken - Tagträume -
Nachtträume geschehen♥

Immer DA!!

Ein kostbares und wertvolles
Erleben nicht nur sondern vor

allem auch seiner Selbst -
Selbstwahrnehmung im tiefsten
Inneren.

Deshalb auch der Schmerz ...
Past-Life-Beziehungen /
Partnerschaften sind spürbar
Schicksalhaft!

Eine tiefe bedingungslose Liebe
spürbar und Ausdehnung an
Bewusst-Werdung wird spürbar
und sichtbar im eigenen
Empfinden & Handlung

VerWandlung findet statt♥

Sich im Gegenüber erkennen
dürfen und liebevolle
WeiterEntwicklung; ein Prozess
der Seele ... die weiter will♥

Seelenbegegnung eben♥ 🤍 🤍
Zeit und Raum spielen keine
Rolle mehr, denn es ist gewiss♥

Es ist so, wie es ist!

Du erkennst dich in den Augen
des anderen
Dein wahres Potential wird
"FREI" gelegt und der Drang
wird immer größer sich im
Anderen zu leben

EIN-SEIN

Zwei Seelen - Individuen - FREI -
mit sich und auch im anderen♥

Bedingungslos!

Masken fallen automatisch -
Rollen werden aufgegeben -
Fassaden brechen nun zusammen!

"Wenn die Seele liebt, gibt es
kein Zurück mehr♥

Ich bin bereit, meine
Seelenpartnerschaft voll & ganz
leben - lieben - handeln♥

LICHT♥
LIEBE♥

GÖTT-LICHT

Auszug aus meinem fünften
Buch:

"Seelenweisheiten eines
Erdenengels"

Heute als Tagesimpulse; schon früh damit geweckt worden!

Impulse wie diese so wertvoll

Aufforderung Partnerschaften in den Fokus der Liebe zu rücken

Seelenpartnerschaften - Spiegelungen - Geduld

Worte, die tief gehen können, wenn man diese wahr-nimmt!!

Was nehme ich bei mir und gerade auch bei dem anderen (als)

"WAHR"

und entdecke dieses gleichzeitig
bei mir selbst dies als
Aufforderung zu wachsen an?
In die eigene "Schöpferkraft"
gehen und diese Spiegelung als

"Geschenk"

wahr-nehmen dürfen

Begegnungen dieser besonderen
"ART" können einen in seine

"TIGER-KRAFT"

bringen und sich selbst dadurch
erkennen ist wahrlich spannend!!

Seelenbegegnungen bringen einen manchmal auch an die Grenzen der eigenen WAHR-NEHMUNG, da die Kraft der Seelen hier so stark (Tigerkraft) auf einen einwirken.

Was ist dein Impuls für HEUTE ...

Raus aus Kontrolle!

sich nicht zu kontrollieren, sondern ein gewünschtes Ergebnis von der göttlichen Kraft und Macht im Universum

Es gibt keinen Zufall, nur ein dazwischen, was erfasst werden kann, wenn sich die Ent-wicklung bereits auf dieser Ebene des Sein vollzogen hat ansonsten bleibt es ein Stadium wie in einer Blaupause!

Schicksal ist immer ein gewünschtes von der Seele bereits bewusst entschiedenes Stadium, auf dem Speiseplan des Lebens ...

Erdbeeren mit Sahne

Partnerschaften auf einen höheren bewussten Erleben ...

Jetzt weißt du was deine Seele von dir will.

Der innere Ruf über das Herz wird immer stärker

"Ursache & Wirkung"

werden hier deutlich erkannt und

der Weg unausweichlich
gegangen, denn der Magnetismus
ist so stark, dass die Gedanken als
Kraft

"Glaube versetzt Berge"

umgesetzt werden muss!!

Wenn die Seele liebt, gibt es kein
Zurück mehr ...

Hier & Jetzt oder etwas später
aber nicht ein Leben lang später
...

Nein, das würde die Seele, die
vor langer Zeit diesen Weg
eingeschlagen hat nun nicht
mehr akzeptieren wollen.

"Ursache & Wirkung"

Der Ruf, der sich nun auswirkt ...

Diese hohe Schwingungs-Energie
ist so stark wie eine mächtige
Schallwelle und kommt nun
unaufhörlich beim Gegenüber an
.

Gedanken, die ständig pulsieren
und im Bewusst-Sein aufsteigen
und physisch wie emotional
eindringlich von Zelle zu Zelle
durchdringen!!

Spürbar und nicht mehr zu
ignorieren ...

Jetzt!

Was jetzt passiert ist unausweichliches Schicksal und wurde von oben vor langer Zeit gewollt und beschlossen als spirituelle Ent-Faltung der Erde.

Als Wirkung von Ursache.

Der göttliche Plan will sich nun ver-wirk-lichen.!

Der Auftrag gelebt werden.

Zusammmen wirken in höchster Form.

Auch wenn es jetzt noch nicht klar und sichtbar ist, wird es sich bald zeigen - umsetzten und mit ganzer Intension - Power an die Oberfläche dringen.

Dann ist es da und Klar.

Liebe ist

"Bedingungslos" "schön"

TIME for a Change!

Perspektivenwechsel; Jetzt ist die Zeit gekommen …

….

In die Leichtigkeit zu gehen und die "Dinge - Gegebenheiten - Wünsche & vor allem die Sehnsüchte & Leidenschaften" voll und ganz zu erleben!

YES!!

"Time for a Change"

LOVE

Live is wonderful & beautiful in seiner Schöpfung.

"LIEBE IST"

Liebe Dich und das Leben als "pure Essenz deiner Selbst"   und der Schöpfungskraft in dir aus!!

Liebe DICH, das Leben, die Natur und sei Gewiss & Verbunden mit Allem

"AllEinSein"

Magnet für Glückseligkeit sein!

Magnet für die Liebe sein

Magnet für das Gute im Leben sein

DU!!

"Ich bin"

Ich bin ein Magnet fürs Glücklichtsein

Gehe nun ruhig und friedvoll in deinen Perspektivenwechsel und lasse deinen Blick schweifen über das was war - ist und sein darf!!

Im Tarot ist es die #12 als Gehängter dargestellt, trifft es meines Wissens nicht ganz so zu wie dargestellt, denn wir sind im Inneren immer angebunden an das OBEN - Universelle - Göttliche Prinzip als Wesen - Seelenwesen.

Öffne dich – Öffne dich wieder
der universellen Kraft … wie …

Glaube …

Glaube an Dich und deine
Wünsche – Ziele – Sehnsüchte -
Leidenschaften

Egal, ob grad bewusst oder noch
unbewusst im menschlichen DA-
Sein!

Hier finden wir den direkten
Zugang - "eben durch diesen
Perspektivenwechsel"

zu UNS und zu unserer UR-Basis
zurück.

Was wollten wir schon immer …
"leben - sein - genießen" …
spielen auf der Lebensplattform.

Jetzt sind wir im Bewusst-Sein
und können genau entscheiden
wo es hingeht und hinführt.

Wo führt uns nicht nur unser ICH
/ EGO sondern unsere SEELE
/SEIN hin!!

Oberste Priorität?

Sich endlich wieder voller Lust - Freude und in der Herzensliebe spüren …

In Liebe leben…

Glücklich sein …

Freude …

Wahrhaftigkeit - Ehrlichkeit - Ablegen von Masken sein

wertvolles Seelen-Da-Sein.

In Achtsamkeit sich, mit sich und seiner Welt

Voller Respekt sich, mit sich und seiner Welt

Als Glücks-Magnet leben!!!

Was spürst DU nun und willst dich in deiner Selbst-Erkenntnis nun er-leben.

"GO" for it - Time for a change!!

and

"YES, you can"

Mögliche Affirmation

Ich kann - ich will und ich darf so
sein wie ich will!

Ich lebe das Abenteuer leben.
Jetzt!

Alles ist im ständigen Wandel mit
der Welt …

Das Fortuna-Rad dreht sich
immer und immer wieder …

Frei sein - Ich bin Frei und
entscheide in meiner Freiheit als
Mensch / Wesen!

Befreit von Beschränkungen -
Schwere - Lustlosigkeit -
Depression - Langeweile -
Stumpfsinn - Freudlosigkeit -
Unterdrückung der Bedürfnisse -
der immer ewige und gleiche
Trott … raus aus ausgelatschten
Pfaden gehend.

Audio YouTube Kanal
09.04.2017/ Clarissa M. Seite

"All-Ein-Sein eines
Erdenengels"

„*Ursache & Wirkung*"

*(Kausalität will sich nun
ausdehnen und zeigen …)*

sind nicht zu kontrollieren,
sondern ein gewünschtes
Ergebnis von der göttlichen Kraft
und Macht im Universum

Es gibt keinen Zufall, nur ein
dazwischen, was erfasst werden
kann, wenn sich die Ent-wicklung
bereits auf dieser Ebene des Sein
vollzogen hat ansonsten bleibt es
ein Stadium wie in einer
Blaupause!

Schicksal ist immer ein
gewünschtes von der Seele bereits
bewusst entschiedenes Stadium,
auf dem Speiseplan des Lebens
… **(22)**

Erdbeeren mit Sahne

Partnerschaften auf einen höheren
bewussten Erleben …

Jetzt weißt du was deine Seele
von dir will.

Der innere Ruf über das Herz
wird immer stärker

"Ursache

& Wirkung"

werden hier deutlich erkannt und
der Weg unausweichlich
gegangen, denn der Magnetismus
ist so stark, dass die Gedanken als
Kraft

"Glaube versetzt Berge"

umgesetzt werden muss!!

Wenn die Seele liebt, gibt es kein
zurück mehr …

Hier & Jetzt oder etwas später
aber nicht ein Lebenslang später
…

Nein, das würde die Seele, die vor
langer Zeit diesen Weg
eingeschlagen hat nun nicht mehr
akzeptieren wollen.

"Ursache

& Wirkung"

Der Ruf, der sich nun auswirkt …

Von Kolibri - Herzfrequenz - zu Kolibri

Dualseelen!

Diese hohe Schwingungs-Energie ist so stark wie eine mächtige Schallwelle und kommt nun unaufhörlich beim Gegenüber an .

Gedanken, die ständig pulsieren und im Bewusst-Sein aufsteigen und physisch wie emotional eindringlich von Zelle zu Zelle durchdringen!!

Spürbar und nicht mehr zu ignorieren …

Jetzt!

Bild: Clarissa M. Seite
Herrsching am Ammersee

Was jetzt passiert ist
unausweichliches Schicksal und
wurde von oben vor langer Zeit
gewollt und beschlossen als
spirituelle Ent-Faltung der Erde.

Als Wirkung von Ursache.

Der göttliche Plan will sich nun ver-wirk-lichen.!

Der Auftrag gelebt werden.

Zusammen wirken in höchster Form.

Auch wenn es jetzt noch nicht klar und sichtbar ist, wird es sich bald zeigen - umsetzten und mit ganzer Intension - Power an die Oberfläche dringen.

Dann ist es da und Klar.

Liebe ist

"bedingungslos" *"schön"*

"Vergebung"

„Und vergib uns unsere Schuld, wie auch wir vergeben unsern Schuldigern."

– Matthäusevangelium 6,12 LUT

so, und jetzt die zweite Karte, nachdem die "Schöpferkraft" - siehe Chronik bei mir unter Clarissa M. Seite, sich über die Vergebung gedrängt hat und einzeln im Scan erscheinen wollte!

"Vergebung sich und Allen anderen Gegenüber" ...

Auch wenn das vergeben Mut & Los Lassen bedeutet ...

Schmerz - Wut - Trauer -
Verzweiflung - Sauer sein (auch
körperlich - Basisch sauer sein)
Mordgelüste - Mordgedanken -
Suizid (Symbolisches Sterben)

"Vergebung hilft aus diesem Tal
rauszufinden"

Wieder die Kraft / Schöpferkraft
finden können durch Vergebung!!

Ein symbolischer Vertrauensakt
in Deinem weiteren fort schreiten
im Leben♥

Ein Akt des Vertrauens, dass
Alles seine

"Richtigkeit im Lernprozess"

hat - hatte, um sein / dein
Bewusst-Sein auf eine höhere
Ebene heben zu können.

Konfrontation hilft, sich und den anderen an der Front kennenzulernen!

Lassen, was nicht passt ist hier auch eine Chance, um nicht steckenzubleiben in einer Phase oder sogar ein Leben lang einen Irr-tum zu leben.

Rechtzeitiges erkennen ....

Ganz an der Basis zu (sich) spüren und zu (sich kennen-) lernen 🩶

Vergebung bietet:

Heilung im Herzen - in den Zellen - im Bewusst-Sein

an!!

Vergebung als großartige Chance sich aufs NEUE einzulassen und eben nicht auf Dauer (eventuell ein / diese Leben oder sogar ein weiteres Leben) festhalten - feststecken zu bleiben♥

LOS LASSEN & aufs NEUE EINLASSEN können

!

„Und vergib uns unsere Schuld, wie auch wir vergeben unsern Schuldigern."

– Matthäusevangelium 6,12 LUT

Love & Light

Claire - Clarissa M. Seite

Engelkarten 7 mal 7
Vier Türme Verlag

„Erzengel Jerachmiel" - Vergebung"

Schlüsselbegriff Vergebung in vielen Religionen und Weltanschauungen vertreten als hohe Kraft und Macht

„Petrus antwortete ihnen: Kehrt um und jeder von euch lasse sich auf den Namen Jesu Christi taufen zur Vergebung seiner Sünden; dann werdet ihr die Gabe des Heiligen Geistes empfangen."

– Apostelgeschichte 2,38

Zeit der Tiefe ...

Tiefe Gefühle
Tiefe Liebe Leben
In die Tiefe gehen
Tief in sich rein hören und
lauschen

Tief abtauchen auf dem
Meeresgrund hinab, ... da liegen
die Schätze deiner wahren

"Gefühle - Sehnsüchte -
Reichtümer deiner Selbst"

liegend und abwartend, dass DU
sie aus dem Meeresboden
ausgräbst und rauf an die
Oberfläche deiner Selbst ins Licht
holst!

Bewusst - Sein!
Bewusst - Lieben

Nun dessen

Bewusst,

was für dich von höchster
Bedeutung ist und von nun an
sein wird!

DU
Deine Gefühle
Deine Liebe
Leben♥
Dein Leben!

ZwillingsSeelen &
DualSeelen im vollem
Bewusst-Sein leben und
lieben lernen

Zwillingsseelen & Dualseelen wollen erkannt und gelebt werden

Love - Liebe bewusst!

Zwillingsseelen - Dualseelen♥

genau so empfinde ich das auch ..

Zwillingsseelen und auch gerade die Begegnung mit einer Dualseele sind unglaubliche

Inspirationen und Musen

und eröffnen dein Inneres Potential je nach bereits eingetretener Entwicklung und Öffnung auch auf der spirituellen Ebene!

Je nach … Verkörperung der Person
(Intention - Art und Weiße des

Seins)
und ihrer eigenen Eigenschaften
und Themen als Zwillingsseele,
die dich genau an diesem Punkt
trifft (mit dem Amorpfeil) und der
Aufruf nach Innenschau /
Spiegelung unausweichlich
auffordert♥

Spiegelung!

Oder die wundervolle einzigartige
Begegnung mit deiner Dualseele,
die dich in deiner Seele touched
und so tief berührt, dass es hier
absolut unausweichlich geworden
ist (oh Gott - göttlich gewollt und
gelenkt) - meist erst im höheren
Alter bzw. wenn ein höheres
Bewusst-Sein erreicht und klar
angestrebt wird!

Diese Verbindung überhaupt noch
ignorieren zu können oder je

überhaupt außer Acht lassen zu
können!!

Es ist dein Schicksal und deine
Bestimmung nun über Dich und
dein Sein als Seele
hinauszuwachsen♥

Aufforderung des göttlichen
Prinzips

Wachstum

Gedeihen und Entfaltung

Transformation - JETZT♥

Sage JA zu dieser Wunder-vollen
einzigartigen Begegnung und sei
tief berührt und dankbar dafür♥

Schritt für Schritt

Jeder in seinem
Energieflusstempo

Es ist bereits vorbereitet vom göttlichen Dasein und kommt nun auf die Erde zu Dir nieder!

Du darfst ohne Angst lieben♥
Du verdienst diese Art von Liebe♥
Du bist nun bereit, auch wenn es sich im Außen bei dir im Bewusst-Sein noch nicht ganz so klar zeigt - fühlt - klar ist.

Verwirrung löst sich nun auf♥

Wunder geschehen …
Heilung geschieht

Handle!

Du bist in dieser Situation in Kontakt mit deiner Wahrheit!

Vertraue deinem Bauchgefühl
und behaupte Dich auf liebevolle
Weise!

Spring hinein und handle nach
deinem Impulse - Bauchgefühl; es
gibt nichts ab zuwarten ...

„Ozeana" bringt dir diese
Botschaft als Gefühl zu Dir!!

Fühle in dich hinein und lass den
Kopf komplett außer Acht, was
macht dieses Gefühl mit Dir ...

Zaubert es ein Lächeln auf dein
Gesicht

oder

krampft sich dein Gesicht und
dein Körper in der Magengegend
zusammen zieht ?

Hier hast du deine Antwort!

Alles andere ist Kopfsache, also vom Kopf werden dann die Sachen nach und nach - Schritt für Schritt geregelt.

Es wird immer Momente von

„Erschöpfung & Unsicherheiten"

geben, da Du in diesem Moment den Ausgang noch nicht sehen kannst aber du weißt, dass es der Weg für einen Neubeginn ist, den du ja tief in dir drinnen – ganz tief in deinem Herzen ersehnst!!

Es kann sein, dass dich noch Schuldgefühle aus der Vergangenheit Energie und Tatkraft rauben wollen aber sei dir gewiss, dass du nun in die "Leichtigkeit" gehen darfst.

Schicksal, es ist göttlich gewollt!!

Eine höhere Macht ist mit Dir und
wird Alles zu einem guten
Anfang und auch zu einem guten
Ende führen ...

Göttliche Kraft verleiht dir den
göttlichen Funken in Dir♥

Sprichwörtlich:

Jedes Ende birgt den Neuanfang
in sich und das ist gut so ...

Alles ist Eins!

Mögliche Affirmation:

Ich bin bereit und vertraue
meinem Bauchgefühl!
Der Kopf dient mir und meinem
Handeln in die Tat umzusetzen♥
Mit Herz und Verstand gehe ich

nun meinen Weg der Glückseligkeit!♥

Love & Light & Joy deine Claire

Ozeana - Fresko ca. 1305 v. Giotto di Bondone (ca. 1266-1337), -Capella di Scrovegni, Padua, Italien "Der Traum des Joachim".

LASS ALTES LOS!

Schmerz - Trauer - Verlust loslassen; jetzt kann NEUES kommen ...

Vergebe dir und Allen anderen!

Betrug - Schmerz - Wunden können nun in die Heilung gehen♥

Oh doch, auch wenn es schwer
fällt und schwer zu glauben ist.

Vertraue auf Dich und dem
göttlichen Plan!

Altes hat sich gelöst, nun beginnt
ein neuer Lebenszyklus♥

Voller

"TREUE - RESPEKT –

ACHTSAMKEIT –

LIEBEN"

Nun beginnt eine neue
Lebensphase voller

VERTRAUEN - GLÜCK -
LIEBE mit dir und anderen.

HERZHEILUNG♥

Lass dich überraschen, denn deine
Liebe ist näher als DU denkst und
bereit Eins zu Eins mit Dir in
liebevoller Verbindung - Eins zu
werden.

Dein "Bewusst-SEIN" hat sich
nun erhoben und strebt nach
Erfüllung durch den Seelenweg,
der jetzt erneut anbricht!

MASKEN FALLEN LASSEN 🤍

VERTRAUE 🤍

Du wirst geliebt und bist einzigartig♥

Ein Geheimnis wartet darauf gelüftet zu werden!

Die Eule, die mich seit über einer Woche fast schon verfolgt will folgendes mitteilen:

Erkenne Dich und dein Potential an und schöpfe aus deiner

Kreativität - deinem
unglaublichen Schatz an:

Intuition

Kreativität

Wissen

Macht

und vor allem aus deiner Liebe,
die DU bist!!

Erkenne Dich endlich als
einzigartig & großartig an

Du musst niemandem gefallen
und dir Gedanken machen, was
andere über dich sagen könnten!

Du bist ein einzigartiges Wesen und mit dem göttlichen Funken gesegnet.

Sei du die Liebe selbst und es wird im Überfluss zu Dir zurück fließen

Sei dir dessen in deinem Gedankengut bewusst!!

Erlöse nun diese Schatten an Selbst - Unsicherheit - Unzufriedenheit - Mangel an ...

Bild Frank Rolf Josef Pöhlmann
(my lovely Sohn)

Instagram: @whocares0_0

Mögliche Affirmation:

Ich lass Alles Alte und Verbrauchte los und schöpfe aus der unendlichen Quelle in mir!!

Bild von Frank Rolf Josef Pöhlmann
Instagram: @whocares0_0

Deine Seele nun
erblühen lassen♥

Freue dich auf deine
neue Zeit der Blüte in
dir ...

Blüh und zeige dein
Dich im neuen Glanz!

Jetzt darf dieser
Glanz strahlen und
das Blütenkleid
vollkommen aufgehen
und gedeihen im
neuen Gewand der
Zeit♥

In Herzresonanz gehen ...

Das wünsch ich mir mit Dir♥

Vieles bleibt sonst im
Verborgenen; oft falsch
verstanden oder sogar aus
Schüchternheit verschwunden -
Geheim, unter Verschluss♥

So vieles nicht gesagt und doch
gespürt, doch Unsicherheit lässt
Zurückhaltung wieder ins Dunkle
verschwinden und bleibt wieder
allzu oft als Geheimnis
verschlossen!

Niemals erkannt; unter einer
Maske versteckt♥

Liebe will gelebt - gesehen und
gefühlt werden♥

Nur Mut!

Der göttliche Wille steckt in UNS

Resonanz auf einer höheren
feinen liebevollen Ebene ...

Raus aus Verwirrung und rein in
das wahre Gefühl; dein Gefühl ist
richtig so wie es ist.

Vertraue dir und deinen Gefühlen.

Es ist Wahrhaftig so gefühlt!

Eben Liebe♥ 🤍 🤍

Abendbotschaft!

Diese Karte wollte heute Abend unbedingt gezeigt werden, so dass ich hier eine Botschaft vermitteln darf.

Das Leben ist so kostbar und auch wirklich zeitlich begrenzt!!

Ist dir das bewusst, denn jeder Atemzug kann zu Ende gehen ...

Eine Freundin von mir ist gestern verstorben, lag Tod neben Ihrem Bett mit 59♥

Sich bewusst werden, dass wir hier auf Erden kostbare Momente mit Menschen in Liebe - Verbundenheit - Achtsamkeit und Liebe verbringen dürfen.

Alles andere ist wahrlich Zeitverschwendung und lässt uns

das Wesentliche allzu schnell aus
den Augen verlieren.

"Vergebe und Liebe aus ganzem
Herzen"

"Ich vergebe dir und liebe dich
aus ganzem Herzen♥ 🤍 🤍

Sei dir dessen bewusst; mit jeden
deiner Atemzüge!

In liebevoller Verbundenheit ...

Mit Dir - mit Dir und mit Dir

Liebe Margit, mögest du von all
den Engeln in den Himmel
getragen werden; geliebt -
geachtet und verbunden in
meinem Herzen.

"Was haben wir in all der Zeit
herzhaft gelacht"

Ich bin bei Dir in all meiner Liebe und ganz ganz tief in meinem Herzen ♥

Bild von Frank Rolf Josef Pöhlmann
Buch cover 7. Buch –

„Himmlische Werke eines Erdenengels"

Instagram: @whocares0_0

ABEND-BOTSCHAFT♥

"Es ist wie es ist, sagt die Liebe"

-Ernst Fried-

Lausche deiner Seele und höre
dein Herz sprechen♥

Wenn die Seele liebt, gibt es kein
zurück mehr ...

"Ich liebe Mich" - "Ich liebe
Dich"

Resonanz!

Meine Seelenanteile sind wieder
da - zurück - zurück gekehrt -
zuhause in mir♥

Heilung geschieht auf Allen
Ebenen!

Meine Kraft will & wird nun
gelebt; die weiße Frau in mir ist

voll wach!
[#8 im Tarot]

ICH BIN
Ich bin in mir selbst im "Sein"
verwurzelt.

UR-VERTRAUEN!

GEDULD in Leichtigkeit mit mir
leben♥

Mögliche Affirmation:

Ich erkenne mich und meine Kraft
in mir an und lebe diese kreativ
mit all meinen Talenten!

Schönen Abend und Gute Nacht♥

Mögen die Engel liebevoll im
Traum zu Dir - Dir und Dir und
mir sprechen und Erkenntnis und
Klarheit bringen♥

"Ich darf so Sein wie ich bin"

Gehe in deine Klarheit und sei mit Dir Selbst "Echt"

Was darf losgelassen werden an Illusion und an Seelenanteil deiner persönlichen Vision zurück geholt werden!?

Wo habe ich mich zu sehr angepasst und laufe einfach mit, obwohl es mir nicht mehr gut tut!?

Karriereplan - Lebensplan - Liebesplan♥

Ich bin Liebe und Alles ist gut angelegt in meiner Welt♥

Ich gehe mit gutem Gepäck in Leichtigkeit meinen Lebensweg in Freude - Liebe & Glück

Alles ist gut angelegt in meiner Welt!!

Einen wunder-vollen Guten Morgen@all♥

Gut geträumt und vor allem was?

Mögliche Affirmation:

Ich lasse meine Schutzmasken fallen und bin "Echt"!

So wie ich bin, bin ich einzigartig - liebevoll & wunderbar gut♥

JA, Es ist, was es ist sagt die

"Liebe"

Genau so ist es ...

"Liebe ist"

Mögliche Affirmation:

Ich bin Mutig; zeige und spreche meine Gefühle aus!

Ich bin voller Vertrauen und Geduld mit mir und meinem Gegenüber als Spiegel 🩶

Ja, ich liebe Dich und Ja, ich liebe mich♥

JA!!

Abendbotschaft!

Spürbar♥
Fühlbar♥

Es kann nicht mehr ignoriert
werden!

Tja...

Das Herz hupft nun immer mehr
und mehr und lauter voller Power
spricht es aus der Seele 🩶

Es wächst und gedeiht...

"Ich lasse geschehen"

Immer und Immer wieder ...

Fühlen, wie es sich ausdehnt...

Der Magen meldet sich und das
Herz zwickt♥

JETZT

Jetzt, kann es nicht mehr über den
Kopf geregelt werden ...

Das Gefühl will gefühlt werden
und übernimmt letztlich

Körper - Geist & Seele zugleich!

"Ich nehme nun an - öffne mein
Herz ganz weit & lasse es
fließen"

Es ist, wie es ist sagt die Liebe♥ -
Ernst Fried

Love eure Claire

"Herz über Kopf -- Gefühl über Verstand"

Nur Herz oder Kopf - oder nur Gefühl über Verstand leben funktioniert auch nicht wirklich ...

Oder

Wenn ich nur das Herz sprechen lasse, kann ich ungebremst gegen die Wand fahren denkt sich der Kopf und wenn ich nur mit dem Kopf denke, bleibe ich in meinen Gedanken stecken und komme auch nicht wirklich weiter ...

Immer mehr Gedanken machen sich breit und schlussendlich sieht man sich am Ende der Fahnenstange vollkommen ausgebremst; nichts geht mehr ...

Ich weiß auch nicht sagt die
innere Stimme und will schon
aufgeben ...

Warum denn; keine Angst, du
hast nichts zu verlieren ...

Im Gegenteil, du kannst nur
gewinnen und das mit viel
Herzöffnung sind eben diese
wertvollen Erfahrungen nur
möglich 🖤 🖤 🖤

Eigentlich ist es doch ganz
einfach, denn der Weg ist das Ziel
...

Wenn sich das Gefühl in mir und
meinem Körper breit und sich
immer wieder über meinen Kopf
bemerkbar macht und sich ständig
meldet, dann hat das doch eine
weitreichendere Bedeutung als
nur mal so ein Gefühl von ...

"Gefühlsanflug"

Raus aus dem Kopf und seinen
Gefühlen freien Lauf lassen, sonst
fährt man sich vor lauter Denken
noch ungebremst gegen die Wand
und das nützt bekanntlich keinem
der Beteiligten!

Nun dann ist der Verstand gefragt
und wählt mit Bedacht einen
Weg, wie er sein wertvolles
Gefühl gut umsetzen kann ...

Ein Geschenk!

Wie verpacke ich mein Gefühl in
ein wundervolles Geschenk und
zeige es dem Herzensmenschen
meiner Wahl!?

Eigentlich ganz einfach sagt das
Herz♥

Wie?

Ich möchte meine Gefühle
ausleben und zeigen und der
Verstand zeigt mir nun, wie ich es
am besten umsetzen kann, damit
die Gefühlsregungen bei meinem
Gegenüber gut ankommen ...

Ich zeige mein Gefühl über nette
Gesten - einem liebevollen
Lächeln - kleinen
Aufmerksamkeiten und netten,
wohlwollenden Worten, um
meinem "Gefühl - Herz" den
richtigen Drive zu geben!

Schritt für Schritt ...

Herzöffnung auf beiden Seiten
nun möglich ...

Vergesse bitte nie die Kraft und
Magie der Energie und der
gegenseitigen Ausstrahlung und
Anziehungskraft!!

Möglichkeiten ...

Ein Spaziergang - ein nettes
Gespräch - eine liebevolle Geste
mit leichtem Körperkontakt; eine
Einladung mit Coffee or Tee to
go ...

Waldspaziergang bringt Körper in
Einklang und Gefühle in eine
ausgewogene Haltung.

Heilung und Ur-Kraft durch
Mutter Erde und Vater Himmel
durch Sonne - Wind - Himmel
sind tolle Begleiter zweier
Liebender♥

Auch wenn es am Anfang eventuell noch nicht gleich so auf an hieb klappt, wie man es sich lang vorher ausgemalt & vorgestellt hat, ist doch letzten Endes nur von Belang, dass man sich bemüht und nicht auf gibt ...

Weiter machen ...

Herz mit Verstand eben♥

Im Miteinander EINS sein

Guten Morgen - Botschaft♥

Heilung steht auf dem Speiseplan des Lebens und heute ist wohl ein guter Rückzugstag dafür.

Es regnet und wir und Mutter Erde erfährt Nehrung auf der einen Seite und Reinigung auf der anderen Seite dadurch!

Heilung geschieht immer auf Allen Ebenen des SEINS durch:

Fühlen - Spüren - Vergangenheitsbewältigung und dem
sogenannten großem Loslassen!

Sei bereit und willige dir nun ein dich auf den Heil-Weg einzulassen!

Aber auch durch Bewusst-
Werdung, was kann ich tun um
"heil" zu werden ...

Oder bist du auf dem Weg ein
Heiler zu werden und wirst dir
dessen immer mehr bewusst.

Dazu gehört auch, dich noch
mehr mit deinem Umfeld zu
befassen und auch die "Um-Welt"
genau in den Augenschein zu
nehmen.

Durch Glaubenssätze und
Rituale♥

Wie wäre es, sich bewusster zu
ernähren, bedachter mit unseren
wertvollen Ressourcen
umzugehen; dies auch seiner
Familie und Umfeld bewusst zu
machen!

Glauben - Meditation - Affirmationen - Mantras - Yoga - Qi-Gong - Tai Chi und im Sein sein gehören hier auch gut integriert werden

Oder noch vieles anderes wie bewusst Atmen und Tee trinken!!

Zuerst jedoch ist es unabdingbar auch mit sich bewusst in die Heilung zu gehen, um dies auch immer bewusster vermitteln zu können.

Vergebe dir und anderen Menschen und Wesen in deinem Leben♥

Ein Prozess den der Dachs als Krafttier wunderbar vermittelt.

Er pflegt die alten Wunden und lindert den Schmerz am heiligen Fuchs, der immer bereit ist und durch seine Art und Wendigkeit immer einen Weg findet sich auf einen guten Weg zu begeben.

Sei bereit!

Krafttier Dachs und Fuchs weiter auf meinem Blog:

ClarissaSeite.Tumblr.com

Mögliche Affirmation:

Ich bin vollkommen gesund & heil♥

Herzensgrüße Claire

AbendBotschaft♥

Liebe ist die höchste Kraft und
voller Barmherzigkeit 🤍

Lebe die Liebe vor allem zu Dir
und deinem Nächsten♥

Du verdienst dein Aller Bestes
Du verdienest geliebt zu werden
Du verdienst Wahrheit & Klarheit
Du verdienst Geborgenheit &
Liebe auf höchstem Sein♥

Erlaube es dir nun und hebe deine
Beschränkungen auf ...

Loslassen von:
Angst vor Ablehnung
Zweifel, was könnten
andere denken
Vermutungen

Du darfst lieben und geliebt werden!!

Gott ist Wahrheit & Liebe und er wünscht sich Freude & Glück-licht-Sein für Dich♥

Wahrlich dann ist Liebe vollends möglich & wahr!

Herzöffnung geschieht nun

Wunder geschehen!!

Ich werde nun Aktiv und erschaffe meine Wunder

"Ich bin schüchtern und Du"

Abend-Botschaft!!

Wie sieht mich mein Gegenüber
...

Ich kann ja nur von mir sprechen;
es fällt mir auf, wenn Menschen
die mich gut bis sehr gut kennen
und ich mal sage, Du ich bin
schüchtern, es gar nicht im ersten
Moment verstehen bzw. glauben
können.

Aber es ist so ... nicht im Beruf
oder in der Berufung aber ganz
sicher emotionaler Natur bin ich
ein sehr feinfühliges Wesen und
schon als Kind oder junge Frau
immer sehr auf Abstand bedacht,
gerade wenn es um Gefühle und

tiefe Einblicke in mein Wesen geht!

Blickkontakt wirken lassen♥

Augen auf!

Es braucht schon eine etwas längere Zeit mit mir in eine Freundschaft oder eine tieferer Art von Kontakt zu kommen.

Zwar wirke ich Extrovertiert, aber nur in bestimmten Bereichen ...

Worte schreiben fällt mir leichter als diese gerade auf einer tieferen Ebene auf Anhieb zu kommunizieren, da fehlen mir oft die Worte so spontan ... mein Kopf schreibt zwar aber spricht nicht gleich aus ...

Eher zart - weich und voller
Achtsamkeit mit einer Vorsicht
meiner Gefühlswelten 🤍

Meine engen Freundschaften
wissen oft nur Teilbereiche von
mir und wundern sich dann über
mein geschriebenes!

Meinen Büchern obwohl ich ein
guter und tiefgehender Ratgeber
bin♥

Berufung halt!!

Tiefe Einblicke in meine Seele
sind eher zu lesen ...

Über Themen schreiben die einen
selbst berühren!

Seelenblick
Seeleneinblick
Seelenkommunikation

Der Freundschaftskreis eher in Kontakt mit der Spiegelung, außer man würde mich explizit fragen ... machen die wenigsten, da gewohnt von mir Rat zu erhalten ... oder ich mich eher in meiner Art zurückhalte und einfach da bin für deren Belange.

Auch eine Art sich nicht zeigen oder äußern zu müssen.

Zulassen - Kontrolle loslassen♥

Einblicke werden so geschützt und nur in besonderen Momenten oder Personen gewährt, die wirklich fragen und es wissen wollen.

Herzöffnung♥

Masken fallen lassen; den Mut haben sich auch in seiner

verletzlichen Art und Seite zu
zeigen ...

Nicht aller Welt, nein, aber seiner
Welt♥

Ausdruck und Kommunikation
zulassen!

Vertrauen
Schutz
Mut

Ich liebe mich und gehe achtsam
mit mir um!
Ich öffne mich den Menschen, die
mir in guten Absichten Nahe
kommen wollen♥

Ich vertraue mir und meiner
Intuition!

Ich bin Allzeit geschützt!

Masken fallen lassen ...

Ablegen von "Täuschung" im
Sinne von ...

Angst vor Verletzung♥

Abendbotschaft!

Lass es wachsen & gedeihen und du wirst das ernten was du gesät hast ...

Das sagt auch die Eule als spirituelles Krafttier!

Und sehet, es wurde gut und die Schöpfung brachte durch die Liebe den Neubeginn♥

Nachwuchs stellt sich ein!

Im übertragenen Sinne kann das auch die Geburt von Neuem oder die Neugeburt eines Kindes sein ... die Patchworkfamily ...

Das endliche zusammenfinden einer Partnerschaft - Liebe aufgrund von Schicksal - Göttlicher Wille geschehe durch mich ...

"Ursache & Wirkung"

Auch Du darfst nun Neues &
Gutes entstehen lassen ...

Voller "Liebe und Achtsamkeit"
wache ich über mein "Neues -
Gutes"

Es entspringt aus der
Verbundenheit und der
innewohnenden Liebe♥

Tiefer Blick - Seelenblick - der
Blick im "hier & jetzt"

"Einheit in der Vielfalt"

&

"Vielfalt in der Einheit"

Guten Morgen

„LiebesBotschaft"♥

WAU!

Was bedeutet "Wahre Liebe" für
Dich "eigentlich"
Kannst du es beschreiben und in
Worte und vor allem in Gefühle
fassen ...

Versuche es, es ist heute von
besonderer Wichtigkeit, dies zu
tun ...

Davon hängst dein weiteres Tun
und die Erfüllung deines weiteren
Verlaufs deines Lebensplans ab

Oh JA, Jetzt, nicht später!!

Was ist "Wahre Liebe" und was
wünscht DU dir ...

Bist du bereit, dies auch umzusetzen oder schwelgst du noch in Unsicherheiten und gibst dem Ganzen einen unsicheren Rahmen; steckst weiterhin im alten Vertrauten unglücklichem fest!

Mit sich in der ehrlichen Begegnung seine Herzensgefühle kommunizieren; zu sich und seinem Gegenüber erfordert Mut aber wird durch "Ehrliche Klärung und Anziehung auf der Herzensebene belohnt", da es sich um den göttlichen Willen handelt und die Engel immer bei dir sind.

Glaubst du an dich und deine Worte - Gefühle und Aktionen?♥

Voran hältst du noch fest !? ...

Alte Gewohnheiten
Alte Muster
Altes ungutes aus deiner Kindheit

Vergebe dir und Allen beteiligten
und lasse nun los

Endgültig!♥

Heute ist ein sehr guter Tag für
Herzenskommunikation, um die
Wahrheit auszusprechen und der
Liebeskarte gerecht zu werden!

"Wahre Liebe"

Wahrheit von Herz zu Herz
aussprechen.

Wagen und seinem Herzen
folgen♥

Nur Mut, du hast es dir verdient, geliebt - geachtet und wertgeschätzt zu werden.

Gib dir diese Anerkennung und trage dieses Gefühl nach außen in die Welt - zu deinem Liebsten - geliebten Menschen in deinem Herzen♥

Mögliche Affirmation:

"Ich bin bereit die wahre Liebe zu leben". JETZT!

Tagesbotschaft!

Mit wem möchtest du in Kontakt treten, da Unstimmigkeit eventuell eure Freundschaft etwas trüben?

Was möchte ausgesprochen und gezeigt werden?

Um was genau geht es dir bei dieser Begegnung und Angelegenheit eigentlich ?

Liebe - Respekt - Achtsamkeit - Treue - Vertrauen - Mut?

Traue dich und vertraue dir und deinem wirken!

Denn Du bist immer einzigartig und ein liebevolles und vor allem lichtvolles Wesen♥

Göttlicher Funke in Dir tragend♥

Heilung will in dein Leben
kommen♥

Liebe ist Heilung 🤍

Lass das Wunder in dir geschehen
& lasse dich auf diese Begegnung
ein ...

Sei bitte nicht so streng mit Dir
und löse dich von deinen
Verletzungen und eventuellen
Fehltritten♥

Dein Gegenüber wird dich
verstehen und dich in die Arme
schließen; im Herzen bist du
bereits!

Ich wünsche dir einen friedvollen
- liebevollen & achtsamen Tag
und Weg ...

Liebe leben, sich öffnen und diese
nicht als Mauer sondern als
Brücke zur Vereinigung der
Liebenden - Menschen - Völker -
Grenzen überwinden - Naturerhalt
- Vergebung von Schuld
verbinden!

Gehe in nun in Liebe & voller
Freude und Schwung♥

Nur Mut, Alles ist gut angelegt in
deiner Welt; es ist deine
Bestimmung und von ganz oben
gewollt♥

Bewusst – SEIN!

Lebe den Wolf in dir als Krafttier
- YouTube Audio Clarissa M.
Seite - Wolf

Eine liebevolle Botschaft für Dich
- Dich und Dich !

Bewusst ein und ausatmen
Bewusst essen und trinken
Bewusst lieben
Bewusst im miteinander
Bewusst vergeben & loslassen

Bewusst im "hier & jetzt"

 leben - lieben - genießen -
fröhlich sein

Im miteinander liebevoll im Sein
sein♥

"Das Beste für Alle beteiligten"

Wir sind Alle Seelen voller Liebe
die geliebt werden wollen
Verschenke deine Liebe an Dich -
deinem Gegenüber - der Welt &
dem Universum!

Mögliche Affirmation:

Ich bin mir meiner unendlichen Liebe in mir bewusst!

Ich darf sie jederzeit leben und genießen!

Tagesbotschaft!

Vorab ist mir gestern ganz stark aufgefallen, dass die Menschen sehr gereizt unterwegs waren, ja fast schon durcheinander und es konnte nichts schnell genug vorwärts gehen bzw. so getrieben und andere haben in ihrer sensiblen Art tatsächlich laut zum Ausdruck gebracht wie ein Mann an der Kasse vom Kaufland:

„Nur die Ruhe, wir sind nicht im Krieg"!!

Mit der Seele in Kontakt treten ...

Nutze den "Hirschen als Krafttier und heutigen Begleiter oder an Allen Tagen" um mit Dir in ausgleichenden Kontakt zu kommen!

Deine sensible männliche Seite leben heißt,

Deine Kraft durch klare Worte und Aktionen warm & sanftmütig klingen lassen

Ausdruck durch klare liebende Worte ...

Was ist dir heute wichtig, mache dir das unausweichlich Bewusst!

Schläfst du noch in altem Vergangenem und lebst du schon in deiner aktiven Welt ...

Nutze die Zeit der Umsetzung für klare Aktionen und Gestaltung deiner Selbst und deinem gewollten Leben

Alles ist gut angelegt in deiner Welt und du hast ganz viele Talente &

Möglichkeiten, die du jetzt nutzen kannst.

Mögliche Affirmation:

Alles ist gut angelegt in meinem Leben und in meiner Welt

Einen wundervollen Guten Morgen Ihr Lieben Seelen

Eure Claire

Weiter auf meinem Blog:

ClarissaSeite.Tumblr.com

Der Hirsch als Krafttier

Wenn der Hirsch im Nebel auf dich wartet und dir die mystische Seite des Lebens zeigen will, will er dich berühren und dich in die Geheimnisse deiner feinfühligen - sensiblen Seele zurück führen.

Folge deinen feinfühligen sensiblen hellsichtigen Eingebungen.

Der HIRSCH will, dass DU nun ganz aufmerksam mit klarem Blick siehst!

Die höher schwingenden Energien sind nun gerade für Dich spürbar und wenn du es zulässt auch sichtbar.

Gehe in Kontakt mit dir und deiner männlich aktiven Seite und spüre in Dich hinein.

Meditation wäre auch eine gute Wahl in Form von schöner Musik und schöner angenehmer gelassener Atmosphäre voller Ruhe und Besinnung.

Dann kannst du in dein Gefühl gehen und ganz ehrlich und direkt mit Dir dies in Verbindung bringen:

Traue dich (Dir) und lebe deine Gaben!!

Schreib dir auf, was du im "Inneren hörst und siehst"

Welche Sätze steigen in dir auf und welche inneren Bilder werden vernommen.

Diese machtvolle Kraft im
Inneren gibt dir die Möglichkeit
durch Rückzug / Kontemplation -
Meditation zu dir und deiner
Kraft zu finden.

Was siehst du

Was hörst du

Was steigt in dir auf

**Sehe den Hirsch aus dem Nebel
heraus auf dich zukommen,
jetzt steht er da und schaut dich
an.**

Was passiert jetzt ...

Vernehme im Stillen die

"Botschaften durch dein Krafttier HIRSCH"

Guten Morgen Botschaft♥

… und an Allen anderen Tagen auch denn,

Kein Grund zur Sorge:

das heißt auch, dass sich

"Alles zum Besten"

ausrichten wird und darf …

Sich positiv ausrichten und immer das Beste erwarten!

Grundeinstellung positiv wahren; raus aus der Angst♥

Ablehnung
Zurückweisung
Liebesentzug

Raus aus destruktiven Gedanken von Mangel

Neid - Missgunst!

Oftmals dauern die Dinge in der Energetik, um sich für Alle positiv auszurichten, damit dann auch für Alle das Beste Ergebnis energetisch (Matrix) erreicht werden kann.

Die Engel und göttlichen Helfer sind stets bemüht♥

Segne Dich und dein Umfeld positiv und sei

"Dankbar"

für all das erreichte und was in
deinem Leben geschieht …
Nur so kannst du erkennen und
ändern!

Richte dich und dein Glauben positiv aus♥

Deshalb ist es so wichtig, sich
auch positiv darauf einzustellen
und einzulassen!

Liebe Dich und wert-schätze Dich
Sei gut zu dir
Achte und pflege Dich und deine
Bedürfnisse
Sei barmherzig

Vergebe Dir und Allen anderen
und lass Schmerz los, damit sich
Neues - neue Zellen erfrischen
und erneuern können.

Lass los und halte Alte Dinge nicht mehr fest in deinem Glaubenssystem♥

Nur so, kann sich Alles neu ordnen!

Wenn Ereignisse nicht so geschehen, wie du dir das wünscht, dann ist entweder "noch nicht" der richtige Zeitpunkt erreicht oder es ist nicht zum Besten für Dich.

Glaube daran:

Du entscheidest, was für Dich das Beste ist.

Glaubst du an Dich und dein Bestes?

Was wünscht Du dir von Herzen♥

Achte darauf, dass es für Alle das Beste ist, somit kommt auch das Beste zu dir♥

Bleibe stark in deinem Glauben!!

Macht der Gedanken wie:

Ich verdiene mein Aller Bestes & es ist immer wohl & in Fülle für mich gesorgt!!

Richte dich in einen liebenden Glauben aus und bleib Positiv, dann geschehen die Wunder♥

Das Beste für Dich und dein
Leben♥
Das Beste für Alle Beteiligen♥

Neubeginn geschieht!

Euch einen wundervollen Tag
voller Wunder

Frieden - Glück - Licht - Sein

Love & Light & Joy

Eure Claire

Impressum

Personendaten

Vorname Clarissa M.

Nachname Seite

Firmennamen Praxis für Psychotherapie - mediale psychologische Lebensberatung

Geburtstag 19. August 1969

Sternzeichen Löwe

Geschlecht Weiblich

Familienstand Verheiratet

Kontaktdaten

Strasse Winibaldstr. 14

PLZ 82515

Ort Wolfratshausen

Land Deutschland

Webseite http://www.theralupa.de / **www.heil-verzeichnis.de**

Persönliches

Über mich:

Clarissa M. Seite

Praxis für Psychotherapie nach dem HPG

Mediale psychologische Lebens-Beratung

Psychologische Beratung und Kartenlegungen auf Wunsch am Telefon oder per Mail / Facebook PN

Erstkontakt: 01525 - 654 99 30

www.theralupa.de

www.heil-verzeichnis.de

BLOG: CLARISSASEITE.TUMBLR.COM

SUCHT-Beraterin (auf der Suche zum Ich)

& REIKI- Meisterin / Lehrerin

Mädchenname: Zickler

Geboren am: 19.08.1969 / Bad Neustadt a. d. Saale

Schulbildung:

Qualifizierenden Hauptschulabschluss – High - School in Louisiana - Realschulabschluss - Universität Tech in Louisiana / Ein Semester in Mathe - Geschichte und Englisch / Art & Sience

Lehrberufe:

Verkäuferin - Einzelhandelskauffrau - Versicherungsfachfrau - Heilpraktikerin für Psychotherapie - Suchtberaterin - Reikimeisterin / Lehrerin

Aufgewachsen in Speichersdorf bei Bayreuth bis zum 18 Lebensjahr

Nach Heirat in die U.S.A / Louisiana bis zum 21 Lebensjahr

Zurück nach Deutschland / Bayreuth für ein Jahr - München vier Jahre –

Bayreuth 16 Jahre - und schließlich wieder nach München / Wolfratshausen bis zum heutigen Tag.

Mein spiritueller Weg

... hat mit den Engel begonnen, die ich schon seit meiner Kindheit sehr bewundert habe und meine Oma mütterlicher Seite hat immer sehr viel zu den Engel gebetet, dass fand ich für mich sehr prägend.

Die Engel, meine tiefe Freundschaft - Verbundenheit und Liebe!

Die Engelsbilder von meiner Oma und meinem Opa hängen heute nun neben vielen anderen Engeln im Wohnzimmer und meiner Wohnung verteilt.

Als ich mir 1992 mein erstes Kartenset / Tarot von Miki Krefting aus München kaufte ging es mit vielen Stunden - Nächten um die Ohren schlagen und Beratungen für Freunde los in Richtung Spiritueller - Medialer und guter Intuition ans Eingemachte!

Mehr und mehr interessierte ich mich für diese umfangreichen Themen wie den Glauben an Gott den Engeln - Glaubensrichtungen der Welt - Interpretationen des Tarots in verschiedenen Auslegungen und Ausführungen von White Raider zu Crowley, der Nummerologie (Dan Millman) der Traumdeutung (C. Jung) Kastl – Kant – Frankl – Freud und vieles mehr dazu.

Kartensets wie Selbstheilung von Chuck Spezzano - Göttinenzyklus - Engel von Diana Cooper - Doreen Virtue - & und dem tollen Kartenset von Pia Schneider und Ruth Kendell – **Krafttiere** von Jeanne Ruland & Murat Karacay – **Maria Magdalena** von Jeanne Ruland & Marion Hellwig - **Spirituelles Geldbewusstsein** von

Thorsten Weiss und und und runden mein Profil ab.

Kinesiologie und TCM-Medizin - Kräuterkunde - Homöopathie und die universelle Energie; erst durch die drei Reikigrade und dem Lehrer wurden diese intensiv in meinem Leben seit der Geburt meines Sohnes Frank 1997 integriert und schließlich auch privat an mir und meiner Familie - Freundeskreis und interessierten Menschen praktiziert!

2008 kam dann, nach Jahrzehnten an "üben und lernen" im Spirituellen Bereich der Beginn mit der Ausbildung zum Heilpraktikerin zur Psychotherapeutin - Gesprächstherapie nach Rogers - Psychoanalyse nach Freud) und last but least

2009 die Ausbildung zur Suchtberaterin,

2010 die Gründung der Praxis für Privatklienten und psychologische - mediale Lebensberatung am Telefon!

2014 schrieb ich mein erstes Skript "Wie werde ich ein Erdenengel"

2015Blog:
ClarissaSeite.Tumblr.Com

2015 - 2017 Buch & ebook:

„Wie werde ich ein Erdenengel

„Ein Erdenengel und seine   Geschichten"

„Botschaften eines Erdenengels"

„Herzensweisheiten eines Erdenengels"

„Seelenweisheiten eines Erdenengels"

„Seelenbalsam eines Erdenengels"

„Himmlische Werke eines Erdenengels"

Seit 25 Jahren; seit Beginn meines ersten Kartendecks im Tarot kamen viele andere Kartendecks dazu und durch das tägliche ausüben und studieren von Fachliteratur in unterschiedlichen Bereichen hinsichtlich meiner medialen Fähigkeiten wird es immer mehr und das „**Tun**" immer intensiver und klarer in der Ausübung!

<u>Vereinszugehörigkeit wie:</u>

Dachverband Geistiges Heilen

(DGH)

Verband freier Psychotherapeuten, Heilpraktiker für Psychotherapie und Psychologischer Berater e.V.

(VFP)

Üben – Üben – Üben

Lernen – Lernen – Lernen

Sein – Werden – Sein

Mein Leitmotiv ist:

 Lehrer und Schüler zugleich ;-)

Immer und immer wieder ...

auf dem Weg der sog. Meisterschaft (TOD) um wieder und Neu Wiedergeboren zu werden (Phönix aus der Asche)

Anbieter-Impressum

Umsatzsteuer-ID-Nr 82 096 358 479

Handelsregister-Nr. / Steuer-Nr. / ggfls. Geschäftsführer

Praxis - Clarissa Mathilda Seite - Heilpraktikerin für Psychotherapie[HPG] - WOR

Steuernummer – Finanzamt Wolfratshausen – 169/258/90344 – **IdNr. 82 096 358 479**

Bankverbindung – Sparda Bank Nürnberg – BLZ 760 90 500 – Kontonummer 442 50 59

[Gemäß § 4 Nr. 14 Buchst. a UStG sind Heilbehandlungen im Bereich der Humanmedizin umsatzsteuerfrei. Dazu zählen auch die Leistungen der Heilpraktiker].

Ich wünsche Dir - Dir und Dir

Lieber Leser, eine wohltuende Öffnung zu Dir und zu deiner liebevollen Natur als

„Erden-Engel"

In diesen schnelllebigen Zeiten der Jagd nach Anerkennung – Profit und Erfolgsstreben kann dies eine neue Qualität an Erleben und einer eventuellen Konzentrierung aufs Wesentliche und zukünftiger „EntSchleunigung" bewirken!

Ein Dankeschön an:

Meine Eltern; einzigartig in Ihrer Art

Meine Geschwister, die mich in meinem Dasein begleitet und geformt haben

I Love You All!

Meinen Sohn Frank, der mir oft den Spiegel vor Augen hält!   ;-)

Buchcover 1 - 7 von Sohn Frank fotografiert.

Dieses Büchlein dient als ein kleiner Wegbegleiter „täglicher Inspiration" und als Möglichkeit einer neuen Sichtweise in der Lebensführung.

Es ersetzt weder den Rat durch einen Arzt deiner Wahl, noch dient es als Ersatz für medizinische Behandlungen von physischen und psychischen Erkrankungen aller Art!

Werdende Mutter (schwanger) ist oder sich krank fühlt oder krank ist, konsultieren Sie <u>immer zuerst einen Arzt Ihrer Wahl!</u>

Und denk bitte dran …

Du – Du und Du – SIE –Er – Es

 trägst die Verantwortung für

Dich und dein Leben!

<u>Haftungsausschluss: Autor & Verlag</u>

Inhaltsverzeichnis:

- *Sich im Vertrauen in den Fluss des Lebens fallen lassen*

- *Befreie Dich*

- *Dein treuer Freund*

- *Der Mond & seine sensible & tiefgründige Seite*

- *Gefühl im Gefühl*

- *Die Kraft des Tigers*

- *Die magische Zahl Dreizehn!*

- *Du darfst immer ohne Angst lieben!*

- *Fishing for what*

- *Herzensruf*

- *Lass uns vereinen*

- *Schöpferkraft*

- *Time for a change*

- *Ursache & Wirkung*

- *Erzengel Jerachmiel*

- *Zeit der Tiefe*

- *ZwillingsSeelen & DualSeelen*

- *Lass Altes los*

- *Ein Geheimnis wartet darauf gelüftet zu werden*

- *In Herzresonanz gehen*
- *AbendBotschaften „Drei"*

- *Ich darf so Sein wie ich Bin*

- *Herz über Kopf*

- *Guten MorgenBotschaften*

- *Guten AbendBotschaften*

- *Ursache & Wirkung die Zweite*

- *LiebesBotschaft*

- *In Herzresonanz*

- *Der Hirsch als Krafttier*

- *Tages- und Abendbotschaften*

- *Das feinfühlige Reh als Krafttier*

- *SternenKind Gottes*

- *Geborgenheit*

- *Die fleißige Biene*

- *MaskenFall*

- *SeelenLiebe*

- *Abendbotschaften*

- *Liebesbotschaften*

- *Engel der Meere*

- *Liebesengel Erzengel Chamuel*

- *Von Seele zu Seele –*

  Von Herz zu Herz

„Engel der Meere"

Audio You Tube

Clarissa M. Seite

Glück und Segen auf all eueren Wegen

Wünscht euch von Herzen!

Eure Lichtbringerin Claire

Die Natur & Liebe ist
unser höchstes Gut!

Audios auf YouTube

  Clarissa M. Seite

„Schreib &
Sprechmedium"

Delfine, die wahren
"Engel der Meere"

„Wenn dir der Wal als
Krafttier begegnet"

Und vieles mehr!

Love is always the answer ....

Alles andere läuft auf Selbst-Betrug hinaus!!

Lausche deinem Herzen und dann benutze deine Logik um diesen Herzensweg zu folgen ...

Nur dieser Weg bringt auf Dauer die Erfüllung und das Glück bis zum Ende deines kostbaren Leben - Da-Sein♥

"Gesund-heil & Glück-lich-Sein"

Kann einem die Zeit nicht wieder zurück bringen!

Und erkaufen kann man diese nur in einer begrenzten

"Art & Weiße"

Erfüllung deines inneren Schatzes
sind wirklich wahre
erstrebenswerte WERTE♥

Denk daran und sei einfach
ehrlich mit dir und deinem Tun♥

Gehe in die Freude - Leichtigkeit
& dem höchsten Gut

Liebe ♥

Abendbotschaft!

Ich freue mich so dir zu begegnen

Heute wieder♥

„Leichtigkeit - Freude „

Liebe ist unendlich in jeder Hinsicht und auf nichts beschränkt ...

Freundschaft & Partnerschaft

Danke, dass ich dir begegnet bin und weiterhin begegnen darf ...

Das Schicksal meint es gut mit mir♥

Danke von Herzen dafür♥

Ich freue mich auf WegKreuzungen ...

Immer & Immer wieder ... sehr♥

Wertvoll ... für mich, auf jeden
Fall!!

Wachstum - Erkenntnis -
Persönlichkeitsentwicklung♥

Fließend - weich - reinigend!

Love & Light

Danke Vater für dein Sein♥

Danke Vater für deine
Gedanken, die du mir mitgabst
auf meinem Weg zum ICH BIN.

Danke geliebter Vater für dein
herzliches Lachen und deine Güte
im Herzen!

Danke geliebter Vater für deine
Fürsorge und Un-Geduld, dass
erinnert mich sehr an mich.

Danke geliebter Vater für deine
Flexibilität, deinen Humor, dein
geistiges Wissen und deine
unendliche Großzügigkeit.

Danke geliebter Vater für
manchen Wutausbruch; es hat mir
den Weg aufgezeigt, den ich dann
durch dich gehen konnte.

DANKE!!

Ich liebe Dich und Du bist immer
in meinem Herzen

DANKE MOM, du natürlich
auch ... dass weißt du doch!

I Love You!

Danke geliebte MOM für deine
unendlich ausgeprägte
Spiritualität, deine Impulsivität,
deine Kraft, wenn Sie von Nöten
war - deine Ausdauer - Güte -
Herz, dass ich immer in mir
vernahm und spüren durfte bis
über den Tod hinaus.

Deinen guten Geschmack -
Menschenkenntnis - Eingebungen
- Wahrnehmungen - dein überaus
musikalisches Verständnis, was
Uns immer begleitet (uns Kinder)
und immer wieder prägt auf
unseren Weg - auch mit unseren
Kindern!

DANKE für ALLES ... auch wenn es manche male echt chaotisch mit Euch Frei-Geistern war ....

Danke Euch für eure unermüdliche liebevolle und gütige Begleitung♥

Immer DA 🤍

Das feinfühlige Reh als Krafttier

Wenn sich dir das Reh zeigt, wenn, dann ist das schon was Besonderes und wenn es dir in die Augen schaut und dabei ruhig verweilt … umso mehr!

Das „*Rehlein*" ist ein Botschafter der Seele und hat ganz feine Antennen!

Es ist feinfühlig - hellhörig und hellsichtig und spricht zu Dir im Auftrag der Seele.

Achte auf Dich und deine Empfindungen und erachte diese als wertschätzend und als etwas ganz besonderem!

Es möchte dich eine Stückweit
nun begleiten und dich dadurch
stärken.

Lebe dein wertvolles Leben und
das jeden Tag ganz besonders,
sodass du auf dem Sterbebett
ruhig und gelassen verlauten
lassen kannst; Ich habe mein

Leben mit jedem Atemzug gelebt
und bin dankbar für all die
Erfahrungen!

Ach möchte es von dir, dass du
gerade in Familien und
Partnerschaftlicher Hinsicht mehr
Ruhe & Gelassenheit - Freude
einkehren lässt und diese nun
immer mehr in deinem System
einkehren lässt.

Bevor du reagierst, halte inne und
achte auf deine inneren
Beweggründe und wage auch mal
den Blick wie ein kleines Kind;
sei neugierig.

Und wenn es dir körperlich -
seelisch schlecht geht, denke
daran für Ruhe und Pflege zu

sorgen und dass das Reh, also Du nicht so zerbrechlich ist wie es im ersten Moment scheint.

Das Reh kann sich sehr wohl gegen den Bock wehren!!

Mögliche Affirmation:

Ich lebe mein Leben wie es mir gut tut und achte auf meine Empfindungen!

Für Karoline, die am 23.05.2017 ein Rehlein ganz bewusst sah!

Trust in your Heartfeelings

Everything you feel in your heart is true
Just believe and trust in your emotions
….

Follow your intensions and trust in the
right timing above♥

Angels are helping in the background
and guard you tender♥

Trust & believe in yourself - go on your
way of luck & happiness!

Just go in that feeling deep down in
your celle system and feel the language
of your body & soul♥

Listen!

Breathe deeply - more often

Can you hear your inner voice now♥

Recognize!!

Everything is on your way; just open
your heart now for LOVE♥

In Time with the spirit of GOD

Greetings & blessings CLAIRE

"Glück - lich - Sein"

GLÜCK!

Was macht dich glücklich ...
Welche Menschen in deinem
Leben bereiten dir das Gefühl von
Glück
Was kannst Du tun um glücklich
mit Dir und deinen Menschen um
dir herum zu SEIN!

Jetzt steht der Juni vor der Tür
und es wird Zeit in das Glück
hinein zu schauen und auch zu
gehen♥

Es wartet deine kostbare Lebens-
Zeit darauf, dass Du dich
glücklich machst und jetzt und in
Zukunft so lebst wie es dir
gebührt!

"Du, ja Du verdienst dein Aller
Bestes"

Gestalte von nun an deinen Lebensraum voller Glückseligkeit♥

Auf was wartest du noch ... es ist deine Zeit♥ des Glücks♥

Genieße jeden Tag und erschaffe dir dein persönliches Paradies - Reich

Du verkörperst mit deinem Sein die körperliche Schwingung von Frieden - Integrität und deine wahrhaftige Liebe♥

Lebe dein inneres Kind, befreie dich von den alten Geschichten - Verletzungen - Demütigungen - Vorstellungen, wie du zu sein hast!

Geh spielen mit Dir und deinem kostbaren inneren Kind!

Lache - mache Blödsinn und kehre deinen unendlichen Humor an die Oberfläche.

Sei glücklich mit Dir und den Menschen die du aus deinem Herzen liebst♥

Meditationsübung:

Setze dich an einem ruhigen Ort und stell dir nun vor ... wie - mit wem und was du tun kannst um glücklich zu sein.

Wer und Was macht dich glücklich - was macht dich unglücklich !?

Frage Dich jetzt:

Wer macht dich glücklich

Was macht mich glücklich

Meist kommen die Personen auf dich in deinem Tagtraum auf dich zu und zeigen dir den Weg.

Genau so, kannst Du umgekehrt verfahren, wenn du das nochmals anschauen möchtest?

Eigentlich weißt du genau wer und was dich unglücklich macht!

Jetzt, wo du weißt, wer und was dich glücklich macht und dir die Liebe in deinem Leben schenkt …

Atme tief ein und nehme diese deiner Vision in dich und deinen Zellkörper auf …

Atme!

Verwirkliche nun deinen Traum vom Glück♥

Sternenkind Gottes!

Meine persönliche Botschaft heute & an Allen anderen Tagen auch♥

Sind wir nicht Alle göttliche Wesen - SEELEN und verdienen unser Aller Bestes!

Gehe in deine Schöpferkraft und dehne deine Liebe in dir aus, sodass diese nach außen strahlen kann!

Licht & Liebe

Sei du das Licht & die Liebe ... "strahle voller Liebe"

Du bist Liebe und wirst Allzeit geliebt♥

Mache dir das in deinem Zellsystem und in DIR - deinem

Leben nun täglich Bewusst! - Sein!

Du bist aus der Liebe entsprungen, ist dir das Bewusst?

Lebe Dich und deine Sexualität aus deinem Schöpfer-Tum heraus...

Wert-Schätze DICH♥

Lebe Dich und deine Liebe & Lust, dass ist völlig in Ordnung auch so gewollt und gewünscht!!

(Liebed und vermehred euch ...)

Strahle wie ein Sternenkind Gottes♥

"Ich liebe Dich & Ich liebe Mich"

Love & LIGHT & Joy

Deine Clarissa

Liebe als höchste Macht und Wille des Universum – Schöpfer!

Liebesbotschaft 🤍

Zeige deinen Willen und deinen Mut!

Dein Wille geschehe♥

Liebe ist die höchste Macht im Universum und nicht nur das, sondern auch die höchste Kraft in deinem Körper!

Wenn dein Herz rast vor Liebe - Glück - Eifersucht, dann kannst du um diese Kraft genau wissen und fühlen.

Es lässt dich vor lauter Power
nicht mehr los!

Es strahlt diese unendliche
kraftvolle Energie über viele viele
Meter aus ... Große Distanzen
werden und können Astral
erreicht werden.

Macht der Gedanken!

Diese machtvolle Energie kann
über tausende von Kilometern
gehen und erreicht immer das
gewünschte Herz und Wesen!

Diese Liebeskraft ist so
"machtvoll & unendlich" ...

ENERGIE in höchster Da-Seins-
Form♥Herzfrequenz eben!

You Tube Kanal - Audio

Clarissa M. Seite

"Herzfrequenz / Der Kolibri"

Sende deine Liebe aus und schicke deine Energie in Alle Bereiche deines Lebens und Umfeld als universelle Liebe♥

Liebenden♥

Du bist dein Schöpfer und dein Herz nährt sich von dieser Energie, ansonsten wirst du matt - kraftlos - traurig und *stirbst einen langsamen Tod!*

Einsamkeit - Abgeschnitten♥

Sag JA zu Dir und deinem Herzen!!

Lebe die LIEBE als dein Glück♥

Du bist es immer WERT geliebt zu werden!!

Du bist Liebenswert so wie Du
bist.

Dein Wille geschehe und wirkt
sich auf deine Kraft positiv aus.

"Was wir auch in dieser Welt
erlangen mögen, ist doch die
Liebe das höchste Glück"

-Philipp Otto Runge-

Was wünscht Du dir aus dem
Herzen, was glaubst DU und was
kannst DU tun!?

Es ist eine wertvolle Eigenschaft
für andere da zu sein, Mitgefühl
zu zeigen aber es darf nicht zur
Selbstaufgabe werden♥

SelbstWert leben .... Innere Kind
pflegen

Raus aus Missachtung - nicht gut
genug zu sein♥

Es ist immer wichtig sich zu pflegen und zu nähren, damit die Kraft und Liebe bleibt und nicht versiegt vor lauter Fürsorge & Mitgefühl.

Nur wenn du Stark bist, kannst du Stärke abgeben!

Nur wenn du dich mit Liebe füllst, kann sie mehr werden ...

"Ein Reich an Gefühlen - von Herz zu Herz sprechen!

Achte - Respektiere und Pflege Dich und kümmere Dich um dein *Herz & deine wertvolle Seele!*

Habe den "Mut und den Willen auch NEIN zu sagen", wo du den Betrug spürst und öffne deine Augen, um den Seelenblick im Herzen zu wahren!!

Sei für Dich und dein inneres Kind da und kümmere dich um Dich!

Auch wenn du Angst vor dem Ungewissen hast, aber damit stärkst du dein

Selbst-Vertrauen - deinen Willen - deinen Mut und deinen Herzensweg als Weg zur Heilung♥

Verlorengegangene Seelenanteile durch:

Verlust

Betrug

Demütigungen

Verletzungen

können wieder zu dir und deiner
Seele zurückkehren - heilen und
Ganz werden

"Ich liebe mich

&

Ich liebe Dich"

Liebesbotschaft an DICH von den Engel der Meere♥

Wunderschön dieses Bild mit all den spielenden Delphinen♥

Gehe in deine Leichtigkeit und lebe dein Ur-Vertrauen zu Dir und deinem Gefühl und daraus resultierenden Gedanken & Handeln!

Vertraue dir deiner Interaktion - deinem Leben, dass es im richtigen Fluss fließt.

Energieflusstempo!

https://www.youtube.com/watch?v=4lfIAfhAK8Y

Klammere dich nicht an irgendwelchen Ereignissen -

Personen - Situationen; einst gegebenen Versprechen ...

Aus Angst vor Neuem und aus der Verpflichtung heraus!

NEIN!

Raus aus Angst - Verlust - Mangel - Ego und rein ins Herz♥

!Alles hat seine Zeit und wenn der Zustand von

"Geben & Nehmen"

eben nicht mehr, wenn es nicht mehr im Fluss ist ...
(Tarot #14 - Mäßigkeit),

dann hat es ein "Ungleichgewicht" erreicht, was schon seit langem dein Leben bestimmt - beschwert und mürbe macht!

Traurigkeiten & Einsamkeiten &
Krankheit sind die Folge!

Magenprobleme - Herz -
Depressionen - Krebs können
Folgeerscheinungen sein!

Hole dir dein Energieflusstempo
zurück; deine Seelenanteile von:

Glück

Freude

Spielen

Vertrauen

Leichtigkeit

und vor allem von der LIEBE♥ zu
Dir und deinem gewünschten
Gegenüber♥

Gehe deinen geschmeidigen -
leichten - liebevollen Weg; im
Fluss des Lebens.

Genieße dein SEIN♥

Sei zuversichtlich im Sinne von:

Vertraue dir und deinem Gefühl -
deinem Herzensimpuls und
gestalte dein wundervolles Leben
auf deine einzig wahre Art &
Weiße - Jetzt!!

Resonanz mit dir gehend erzeugt
dein Umfeld voller leichter hoch
schwingender Energie und zieht
diese Art von Menschen &
Situation in deinem Leben ...

Was dir gut tut und dich erfüllt!!

Auffüllen

Auftanken

Regenerieren

Jungbrunnen

Spiele & pflege dein inneres Kind, das dich liebt ♥

<u>Mögliche Affirmation:</u>

Ich bin in meinem Ur-Vertrauen♥
Ich bin im Urvertrauen!

"Ich liebe mich

& Ich liebe dich"

"Nobody is perfect"

Streben wir nicht Alle nach einen höheren geistigen & seelischen Zustand, und wenn es nicht so in diesem Leben machbar, dann sicherlich im Nächsten durch Reinkarnation 🩶

Einzig und Allein zählt der Wille & die damit verbundene Liebe

Das ist für Sich schon Erfolg♥

Die Seele wird es dir danken!

Also, sei stolz auf Dich und gehe aus Verurteilung und Versagens Ängsten raus♥

Alles ist gut so wie es ist!

Es ist wie es ist, sagt die Liebe - Ernst Fried♥

Bilder Clarissa M. Seite

Engel grüßen UNS aus ganzem
Herzen♥ ♥ ♥

"Nobody is perfect"

Steben wir nicht Alle nach einen
höheren geistigen & seelischen
Zustand, und wenn es nicht so in
diesem Leben machbar, dann
sicherlich im Nächsten durch
Reinkarnation ♥

Einzig und Allein zählt der Wille
& die damit verbundene Liebe

Das ist für Sich schon Erfolg♥

Die Seele wird es dir danken!

Also, sei stolz auf Dich und gehe
aus Verurteilung und
Versagensängsten raus♥

Alles ist gut so wie es ist!

Es ist wie es ist, sagt die Liebe -
Ernst Fried♥

Love & Light & Joy

Claire

Bilder Clarissa M. Seite

Herrsching am Ammersee

August 2016

Engel grüßen UNS aus ganzem
Herzen🤍 ♥ 🤍

Liebesbotschafter & Liebesbegleiter ♥

„Erzengel Chamuel", der Garant für die Liebe, möchte euch heute unbedingt begleiten; öffne dich für diese wundervollen Energien der Leichtigkeit - Loyalität - Schutz - Freude - & der Bedingungslosen Liebe in Dir ♥

Bittet einfach um seine Botschaft & Beistand!

"Ich öffne mein Herz für die Liebe"

"Ich liebe mICH

&

Ich liebe dICH"

Die geliebte Pfingstrose auch
Bauernpfingstrose oder
Korallenpfingstrose genannt
wurde und wird als All-Heil-
Mittel nicht nur von der Hl.
Hildegard von Bingen in Ihrer
Wurzel und Essenz genutzt
sondern gerade heute immer mehr
in Ölen - Phytotherapie und
Arzneien in vielen Mittelchen
verwendet und angewendet mit
großem Erfolg.

Erzengel wie Raphael als der
großartige Heiler und Sandalphon
sind Garanten, wenn es um das
Heilwerden geht.

Bereiche wie das Wurzel- Sakral-
und vor allem auch das Herz sind
hier als Chakren besonders
angezeigt!

Eine Rose, die in vielen
Bereichen unterstützend und
klärend wirkt.

Die großartige Energie erfüllt
voller Liebe ganz tief den
Heilungsprozess auf wirklich
Allen Ebenen des Seins 🩶

Körper - Geist und Seele werden
durch diese wundervollen
Essenzen so tief bedient, dass es
eine wahre Segnung ist mit dieser
Rose in diesen Bereichen zu
wirken.

Prüfungen aller Art werden so
Heilungsfördernd in jeder
Hinsicht unterstützt!

Ein Strauß aus Rosen bewirkt
nicht nur sagenhafte Wunder
sondern schmückt obendrein in
meisterhafter, schmeichelnder Art

& Weiße den Ort; sie beschwingt
in reiner Hochfrequenz ...

Die Farbe an sich ist laut der
eigens innehaltenden Farbe
(Lehre) so stark, dass diese den
Raum strahlend erhellt und den
Blick einfängt und lang anhält.

Sie umarmt dich voller Liebe &
Segnungen♥

Viele heilende Berufe schwören
auf dieses Meisterwerk vom
Himmel gesandt.

Engel tragen diese Energie durch
Botschaften der Pfingstrose auch
über Zeit & Raum ...

Negative Energien verschwinden!
Botschaften durch Segnungen
werden versandt und kommen
positiv an.

Der Empfänger erhält diese
Liebesenergie und darf lange
davon genährt werden♥

Die "Pfingstrose" ein wahrer
Engel der Natur♥

DANKE & voller SEGNUNGEN

Love & Light
Claire

„MASKEN-FALL"

Ja, lass deine Maske fallen -
lassen wir unsere Masken ver-
fallen und ich liebe Dich, so wie
DU bist!

Nach wie vor, den ich sah dich
schon immer "hinter deiner
Maske"

hindurch und sah ein sanftes -
treues - liebes - weiches
wertvolles

WESEN, was DU BIST

Für mich bist Du einzigartig -
wunderbar und so liebenswert!!

"Ich liebe dICH & Ich liebe mICH"

so wie WIR SIND

All-Eins-Sein eines Erdenengels

Teil 1 - 8. Buch

Triologie

Sommer - Herbst & Winter 2017

Die Biene als fleißiges diszipliniertes Krafttier

„Engelfleißige Biene"!

Was wären wir ohne unsere Weltorganisierte Biene im Sinne von Naturerhaltung und die Süße im Leben bringen!

Ohne die Biene läuft nichts…
auch Albert Einstein bemerkte, dass ohne die Biene nach fünf Tagen die Welt am sterben wäre und die Natur in Ihrer Frucht verenden würde!

Die goldene Biene im wahrsten Sinne, bringt Sie uns doch all den Reichtum auf Erden und ernährt uns mit Ihrer selbstlosen Art; unermüdlich jeden Tag aufs **NEUE.**

Ein wahrer Meister der Organisation, kennt doch jede Biene Ihren Platz in der Gemeinschaft und ehrt durchs **TUN** die Bienenkönigin!

Jeder trägt seinen Beitrag zum **Wohle Aller** und vor allem zum Fortbestand der Erde bei.

„**Ein wahrer Erden-Engel diese Biene**"

Selbstlos – Achtsam –
Gewissenhaft – Klar im Tun –
Zielorientiert – im Leben stehen
auf Erhalt des Lebens bedacht.

Was wären wir ohne diese
wundervolle Biene die uns auch
so oft in Kindheitstagen voller
Wärme & Geborgenheit getragen
hat.

Maya & Willi und das
schmeichelnde Lied begleitet von
Karel Gott!

Was für eine tolle Botschaft, die
heute noch in meinen Ohren
klingt.

Witzig gell …

Durch Ihr tun wird ein Leben auf
Erden erst möglich und der
Himmel von dem instinktiven
„Wissen & Willen" Ihres tun als
Erden-Frucht ihrer Selbst
ausgetragen.

Was für ein ehrenwerter Beitrag
ans Leben selbst!!

Nehmen wir uns doch mal ein
großes Beispiel an der Biene und
ehren Sie jeden Tag aufs NEUE im
Bewusst-Sein um Ihr tun auf
Erden.

„Engelhaft"

**Sie leistet rund um die Uhr zum
Wohle Aller, zum Wohle der
Welt – Ordnung!!**

Die Biene als Krafttier ist fleißig
und fordert Dich immer wieder
auf, deinen Beitrag zum Wohle
der Gemeinschaft – Beziehungen
– Partnerschaften zu leisten,

voller Liebe – Achtsamkeit und meinem ausgeprägten Sinn im Tun …

Dann kannst du ernten was du gesät hast …

Dann folgt deine Belohnung in den vielschichtigen Bereichen deines Lebens.

Mit der Biene als Krafttier an deiner Seite, wird dein Tun erfolgreich unterstützt und ein erfolgreiches Gelingen stellt sich oftmals innerhalb von wenigen Wochen ein!

Sei im goldenen Fluss und genieße den Hektar der fleißigen Biene …

Ein kleines – feines, jedoch sehr
mächtiges außergewöhnliches
Tier

Die Biene!!

Danke Biene für dein wundervolles Tun auf Erden du Engel

„Ich liebe

mICH

&

Ich liebe

dICH"

Liebesbotschaft♥

"Von Seele zu Seele -- Von Herz zu Herz"

Liebesbotschaft♥

"Von Seele zu Seele -- Von Herz zu Herz"

Ich lasse die Dinge und Situationen ihren freien Lauf!

"FREIHEIT"

Heute ist eine hohe Energie; Tür offen und somit können wir die Gedanken frei lassen♥

Sende deinem Seelengefährten "All deine Liebe"

Fühlen🤍 ♥ 🤍

In "Freiheit" fließen lassen; in der Gewissheit, dass sie gut und positiv ankommen!

Lass diese in der Transformation fließen; gib sie frei♥

Wunder geschehen; Göttlich gewollt!

Ohne Bedenken, dass es falsch ankommt ...

Deine Gefühle
Deine Gedanken
Deine Wünsche & Sehnsüchte!

Sie kommen "sicher & wohl" bei deinem Gegenüber an♥

Alles fließt im richtigen Tempo und in Dankbarkeit!

LIEBE

Lass es Frei ... nicht zu
verwechseln mit Loslassen ...
Du darfst einfach in deinem
Handeln - Denken - Wünschen

"Frei fließen lassen"

"Ich liebe mICH & Ich liebe
dICH"

Von Herz zu Herz
Von Gedanken zu Gedanken

Transformation im Fluss ... fließt
telepathisch und kommt gut an♥

Ich sehe Dich & Ich spüre Dich!!

In meinem Herzen ist Alles für Dich♥

In meinen Gedanken bist du bereits neben mir♥

Vision - Wille - Manifestation geschieht jetzt♥

Love & Light & Joy

Deine Claire ♥

Bild Frank Rolf Josef Pöhlmann

♥**Instagram: @whocares0_0**♥

Du wünscht Eigenschaften wie Treue und Leidenschaft ...

Wie der beste Freund des Menschen:

"DER HUND"

Sei du selbst all das ...

Zeige dir die Treue und bleib dir Treu
Zeige dir die Loyalität zu Dir und deinen Mitmenschen
Zeige dir all die Liebe die du in dir trägst und öffne Dich für die Welt voller Liebe - Herzlichkeit und Offenheit

Zeige dir das Vertrauen in dir und deine Intuition und deinem

Bauchgefühl; ja, du fühlst es genau richtig!

Zeige dir das du toll bist und einzigartig in deiner Art, dass zeichnet dich aus

Zeige dir wie Klar Du bist ... sag Ja zu dir und sag Nein zu dem, was für dich nicht stimmig ist!!

Zeige Verständnis & Mitgefühl, wo es von Nöten ist und gehe behutsam mit dir um 🤍

Nur wenn du dich selbst liebst, kann auch die Liebe zu Dir kommen♥

Kosmisches Gesetzt der Resonanz♥

"Geben und Nehmen im Einklag"

GLEICHGEWICHT!

Nur wenn Du klar & ehrlich mit dir bist, sendest du diese klare Energie aus ....

Was folgt ist KLARHEIT♥

Mögliche Affirmation:

Ich bin Klar und sende genau das aus, was ich empfangen möchte!!

Ich bin voller Vertrauen - Liebe & Offen für all das Gute in mir♥

Love & Light & Joy

Deine Claire

"Der Hund als treuer Wegbegleiter" ... siehe Blog:

ClarissaSeite.Tumblr.com

Auszug aus meinem 8. Buch

"All-Eins-Sein eines Erdenengels"

"Guten Morgen Botschaft der Engel der Meere"!

"Geborgenheit"

Wie fühlst Du dich gerade ???
Mit wem fühlst du dich Geborgen ???

Die Engel der Meere spüren, dass du die große Sehnsucht nach Geborgenheit fühlst und dich danach sehnst!

Fühle in Dich hinein und schaffe einen Raum, wo du dich Geborgen fühlen kannst.

Gedanklich
Körperlich
Menschlich

Im Herzen Geborgen fühlen♥

Tiefe Traurigkeit steigt nun in dir
hoch, da du spürst was dir
wirklich fehlt!?

Du wünscht dir die Liebe in
deinem Herzen zurück und
wünscht, dich einfach fallen
lassen zu können ...

In Ruhe
In Frieden
In Geborgenheit

Erschaffe dir diese Möglichkeiten
durch klares Denken & Handeln.

Entscheide Dich für deine
Geborgenheit und schaffe dir
deinen inneren Raum für viel

Zärtlichkeiten - Liebevolles Tun
🩶

Lass es nicht zu, dass es dich in dir zerreißt!

Geborgenheit mit schönen Gesprächen, gemütlichen Austausch im miteinander.

Reden
Lieben
Kuscheln
Brotzeiten
Spazierengehen
Kaffee oder Tee trinken
Ein Buch lesen und sich darüber austauschen
Gemütlich einen Film zusammen anschauen
Gemeinsame Interessen pflegen und Kunst & Musik genießen Gemeinsamer Austausch von Glauben & Spiritualität leben!!

Was fällt dir sonst noch ein, um dich in dir - mit dir und deinen Lieben wohl zu fühlen.

Auch kann ein Rückzug Klarheit für Bedürfnisse und Geborgenheitswünsche klären und Wunder bewirken durch

Kontemplation♥

Gehe in die Natur - in den Wald und wandere umher um dich wieder zu finden♥

Spiele mit Dir wie die Delfine, um deine Freude & Spaß im Leben bei Dir einkehren zu lassen!

Gehe in deine Freiheit und tue dir Gutes♥

Nach was begehrt und verzehrt es dich in diesem Moment?

Kommunikation
Austausch von Gefühlen
Nachrichten versenden
Liebesbrief schreiben
Dich für deine Gefühlswelten
durch Schreiben & Sprechen
öffnen!

Wie kannst du deinen RAUM der
GEBORGENHEIT erschaffen
und pflegen!

Du bist es Wert geliebt zu
werden!!

Du bist ein liebevolles &
liebenswertes Wesen / Seele!!

"Ich liebe dICH & Ich liebe
mICH"

Einen wundervollen
Pfingstsonntag und pflege Dich -
deine Liebe zu Dir und anderen in
Sinne von

"Freundschaft

& Partnerschaft"

"SeelenLiebe"

Oh wie tief diese Karte in mein Herz geht und ganz und gar hoch schwingt♥

"Hoch-Zeit"

SeelenLiebe ...

ist was ganz besonderes und macht sich durch das Weiterentwickeln im Leben in der Kommunikation mit sich und seiner Seele im Laufe der Zeit immer stärker bemerkbar!

"Lebensmitte"

"Wenn die Seele liebt, gibt es kein zurück mehr"

Diese Liebe ist so stark, dass sie dich zu Anfangs so verwirrt, dass dir „angst und bange" wird und du Sorge um deinen Verstand hast

Ein so tief empfundenes Gefühl von Verbundenheit zuerst auf der Gefühlsebene in dir drin schreitet es immer weiter voran ... kriecht in deinen Verstand und lässt dein Herz immer weiter ausdehnen♥

"Entschlossenheit"

Auch wenn du es zeitweise durch den Umstand deines Lebens verdrängen möchtest, gelingt es wohl kaum ...

"Verstand geht in die Herzebene und zurück"

Jahre können vergehen und immer wieder wirst du bzw. wird

deine Seele dich auf dich
zurückwerfen und einfordern!!

Seelenliebe will gelebt werden♥

Lebensziel der Seele♥

Unausweichlich ♥ Schön, da der
Liebe um diesen Menschen /
Wesen bewusst und auch immer
wieder Mega anstrengend
zugleich, da Du musst, weil es
deine Bestimmung ist.

Hat sich Jesus so Gefühlt?

Er war sich seiner Seele - Bestimmung bewusst!

Maria Magdalena in Ihrer Verbundenheit zu Jesus und Gott!

Pfingstsonntag, ein Zyklus geht auch bei dir zu Ende und ein Neubeginn wartet schon auf Dich, bereit voran zu schreiten♥

Go for it♥

Es ist nun Zeit deine "SeelenLiebe" zu leben ♥<3

Deine Seele will lieben & geliebt werden.

Verbundenheit

Deine Seele schreit danach und der göttliche Zeitplan eröffnet sich dir und zeigt dir den Weg über deine Gefühlswelten auf.

Spricht zu Dir!
Hörst du den Ruf & den Drang
nach Erfüllung!

Lebensplan!!

SeelenLiebe ist spirituelle Liebe
und viel mehr.

"All-Ein-Sein"

Rund im Wandel und den
Kreislauf des Lebens leben und
fliesen.

"Verbunden"

Verbunden, im Kreislauf des
Lebens - des Wandels - des
SEINS♥

Stark
Power pur

Gewollt - gelebt - geliebt ...

Lebe ent-spannt und voller Liebe
& Freude und wie Magisch im
Magnetismus ziehst du deinen
Seelenpartner an.

Das Göttliche kümmert sich um
die Details; bitte und bete ♥

**"Die Engel und Erzengel
sind immer bei dir"**

**Erzengel Michael
Erzengel Raphael
Erzengel Chamuel**

"Ur-Vertrauen" in Geduld und
Liebe verweilst du der guten
Dinge, die nun kommen mögen!

Liebesbotschaft♥

"Von Seele zu Seele –
Von Herz zu Herz"

Ich lasse die Dinge und
Situationen ihren freien Lauf!

"FREIHEIT"

Heute ist eine hohe Energie; Tür
offen und somit können wir die
Gedanken frei lassen♥

Sende deinem
Seelengefährten "All
deine Liebe"

Fühlen♥

In "Freiheit" fließen lassen; in der Gewissheit, dass sie gut und positiv ankommen!

Lass diese in der Transformation fließen; gib sie frei♥

Wunder geschehen; Göttlich gewollt!

Ohne Bedenken, dass es falsch ankommt …

Deine Gefühle
Deine Gedanken
Deine Wünsche &
Sehnsüchte!

Sie kommen *"sicher & wohl"* bei deinem Gegenüber an♥

Alles fließt im richtigen Tempo und in Dankbarkeit!

LIEBE♥

Lass es Frei … nicht zu
verwechseln mit Loslassen …
Du darfst einfach in deinem
Handeln - Denken - Wünschen

"Frei fließen lassen"

"Ich liebe mICH

& Ich liebe dICH"

Von Herz zu Herz
Von Gedanken zu
Gedanken

Transformation im Fluss
… fließt telepathisch und
kommt gut an♥

**Ich sehe Dich & Ich
spüre Dich!!**

**In meinem Herzen ist
Alles für Dich♥**

**In meinen Gedanken
bist du bereits neben
mir♥**

Vision

Wille

Manifestation

geschieht jetzt♥

Herstellung und Verlag:
BoD - Books on Demand, Norderstedt
ISBN 978-3-7448-2242-8